小笠原流
美しい大人のふるまい

弓馬術礼法小笠原流次期宗家
小笠原清基

相手に一目置かれる「武家の作法」

日本実業出版社

はじめに

いまから一五〇年以上前の安政七（一八六〇）年、幕府の使節を乗せた船が太平洋横断に成功し、アメリカ・サンフランシスコ湾に入りました。その後、ワシントンやニューヨークを訪れた使節一行は、各地で熱狂的な大歓迎を受けたそうです。顔つきが異なり、髪型や服装も異様な一行は、物見高い民衆の好奇心を刺激したに違いありません。

しかし、一行が大歓迎を受けたのは、彼らが単に物珍しい姿をしていたからではありませんでした。西洋文明が普及していない〝遅れた〟社会から来たにもかかわらず、彼らが礼儀正しく、堂々として、洗練された美しいふるまいを身につけていたからです。

実は、幕末から明治期にかけて、欧米人がそのふるまいに賛辞を送った武士は、彼らだけではありませんでした。武士の清々《すがすが》しいふるまいに感銘を受けた欧米人は少なくなかったようで、みな一様に、彼らの挙措動作《きょそどうさ》から高貴な精神性を感じ取っています。

英語が流暢《りゅうちょう》に話せたわけでも、西洋式のマナーが身についていたわけでもないのに、なぜでしょうか。

もちろん、それは武士たちの個人的な魅力も一因だったはずです。しかし、それ以上に大きかったのは、彼らが美しいふるまいを通じて日本の文化を体現していたからではないでしょうか。

日本の文化を体現する美しいふるまい――。

それこそ、私たちが現代に受け継ぐ小笠原流の真髄《しんずい》です。

礼法、弓術、弓馬術の三つの柱からなる小笠原流は、かつて武士が身につけるべき公式の行動規範でした。「公式」というのは、武士の頂点に立つ将軍家の礼法指南を務めていたのが、小笠原家であったという意味です。

そのことは、江戸時代にとどまりません。小笠原家が将軍家の礼法指南役を務めるようになったのは源頼朝《よりとも》以来のことで、鎌倉に幕府が誕生してから室町時代を経て幕末に至るまで、小笠原流は一貫して武家社会における公式礼法だったのです。

気が遠くなるようなその年月を考えると、日本の文化における小笠原流の位置づけが、だいたいご理解いただけると思います。

とはいえ、なぜわれわれが武士たちの礼法に学ばなければいけないのか、疑問に感じる方もいらっしゃるでしょう。たしかに、もっともな疑問です。

しかし、この本をお読みになって小笠原流に関する理解を深めていただけば、そうした疑問は氷解すると思います。小笠原流では、骨格や身体機能に沿った科学的なふるまいを教えているからです。しかも、その考え方や基本的な身ごなしを体得できれば、われわれが失いつつある「日本人らしさ」も身につくでしょう。かつて欧米人を感嘆させたサムライたちのように。

小笠原流を学ぶのに年齢は関係ありません。もちろん、女性でも大丈夫です。しなやかな身体と凛《りん》とした姿勢を手に入れて、日本人らしい美しいふるまいを身につけてください。

平成二七年一二月

弓馬術礼法小笠原流次期宗家　小笠原清基

目次

小笠原流　美しい大人のふるまい

第2章

日常を優雅にふるまう

第3章

身ごなしで相手の心をつかむ

第4章

大人の余裕と教養を身につける

イラスト／いずみ朔庵
写真／森山雅智
編集協力／林知夏
カバーデザイン／志岐デザイン事務所（萩原 睦）
本文デザイン・ＤＴＰ／初見弘一（TOMORROW FROM HERE）

第1章

「武家の作法」の真髄・小笠原流礼法

小笠原流は何を伝えてきたか

みなさんは「小笠原流」という言葉を聞いて、どんなことを思い浮かべるでしょうか。

おそらく、「伝統的な礼儀作法やマナーを教える流派」というイメージが強いと思います。それも間違いではありませんが、実はそれだけでもありません。

小笠原流がどういうものなのか、正しくご理解いただくために、まずは小笠原流の歴史について簡単にふれておきたいと思います。


小笠原流とは、礼法、弓術、弓馬術の伝統をすべて意味するもので、礼法はその一部にすぎません。**小笠原流礼法は、鎌倉時代から江戸時代に至る武士の礼法であり、弓術や馬術と結びついたものなのです。**

源氏の兵法と公家の礼法の融合

小笠原家の始祖とされるのは小笠原長清《ながきよ》という人物で、文治二（一一八六）年、のちに鎌倉幕府を開くことになる源頼朝《よりとも》に召し出され、儀式や弓馬の道について諮《し》問《もん》を受けました。そして、その翌年には頼朝の「糾方《きゅうほう》指南」となり、ここに小笠原流が始まりました。

長清は、先祖から受け継いだ源氏の兵法と京都で学んだ公家の礼法を融合させ、鎌倉幕府という新組織にふさわしい形式に仕上げる役割を担いました。流鏑馬《やぶさめ》※をはじめとした伝統的な儀式についても、このときにその内容の多くが定められ、今日に至っているのです。

なお、ここで出てきた「糾方」（一七六ページ参照）というのは、一言でいえば弓馬術礼法のことです。つまり、現代につながる小笠原流の教えのこととととらえて

※**流鏑馬**　疾走する馬上から鏑矢（かぶらや）を放ち的を射る騎射と神事を総合した一連の行事をいう。「矢馳馬（やはせめ）」が語源との説が有力。

いただければよいと思います。

長清の糾方は、長男の長経《ながつね》に伝わり、長経は鎌倉幕府の三代将軍源実朝《さねとも》の師範を務めます。そして、長経には長忠《ながただ》、清経《きよつね》の兄弟がおり、長忠は信濃（長野県）を地盤とし、清経は伊豆（静岡県）の守護となります。糾方は長経から長忠に継承されて、この家が小笠原家の「惣領家《そうりょうけ》」となり、戦国時代まで糾方の正統となります。

一方、清経の子孫（清経家）も代々、幕府に仕え、惣領家とも近い間柄を保ってきました。私たちの小笠原家は、この清経の子孫です。私の父であり現宗家の清忠《きよただ》は、長清から数えて三十一世にあたります。

惣領家七代にあたる貞宗《さだむね》と清経家七代にあたる常興《つねおき》の二人は、後醍醐天皇に仕えて弓馬の教授を行なうとともに、小笠原家が伝承してきた武家礼法を整えるよう命じられました。二人が協力してまとめあげたのが『修身論』と『体用論』です。後醍醐天皇に献上されたこの二編は、小笠原流弓馬術礼法の規範となりました。

室町時代に入ってからも、惣領家と清経家はともに足利将軍家に仕えて、武家礼

小笠原家略系図

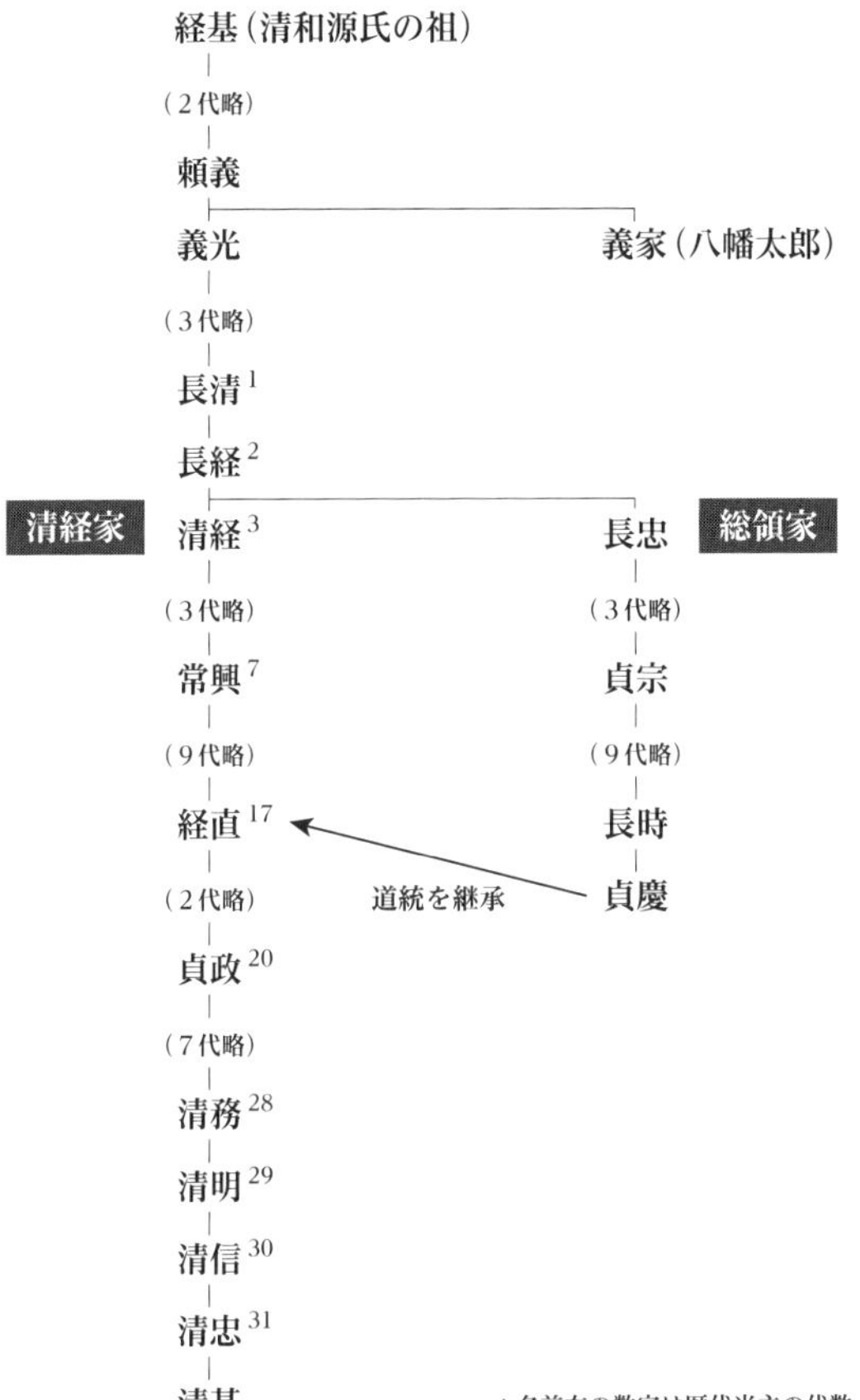

＊名前右の数字は歴代当主の代数

法の中心的役割を担いました。やがて、戦国の世になると、両家とも各地を転戦することになります。

そうしたなか、清経家の十七代経直《つねなお》は、しばしば京都に赴《おもむ》いて故実《こじつ》（儀式・法制・作法などの決まりや習わし）を学んでいました。それを見込んで、惣領家の十七代長時《ながとき》とその子貞慶《さだよし》は、それまで受け継がれてきた糾方の道統を伝える証文を経直に授け、いっさいの伝書類を託しました。この伝書類は、現在もすべて私たちに受け継がれています。

徳川将軍家の指南役として

糾方を継承した経直は、徳川家康から後継者秀忠の糾方指南役を命じられます。家康も、鎌倉幕府以来、伝承され続けてきた小笠原家の糾方を子孫に伝えようと考えたのでしょう。江戸幕府でも引き続き、小笠原家は糾方（弓馬術礼法）を将軍家に教授することになりました。

同時に、糾方は武家の規範とされ、諸大名家からも求められて指導を行ないました。つまり、江戸幕府のもと、小笠原家は将軍家の指南役としてだけでなく、全国に武家礼法を発信する役割も担うようになったのです。

また、享保《きょうほう》の改革を断行したことで知られる八代将軍吉宗は、弓馬の伝統復興を積極的に推《お》し進め、流鏑馬が正式な儀式と制定されました。小笠原家二十代貞政《さだまさ》のときのことです。

これにより、貞政は江戸城詰めの武士たちに流鏑馬や笠懸《かさがけ》※の稽古をつけることになり、その後、将軍家に後継者が誕生した際などに、しばしば流鏑馬が執行されるようになったのです。

※笠懸　流鏑馬、犬追物（いぬおうもの）に並ぶ「騎射三物」の一つ。疾走する馬上から鏑矢（かぶらや）を放ち的を射る行事のこと。武士が着用した綾藺笠（あやいがさ）を盛り土に掛けて、その裏を射たことから始まった。的は一尺八寸（約五四センチ）の丸い板に幾重にも紙を張り合わせ、その上になめし皮をあててつくる。

明治維新と敗戦、礼法断絶の危機

そして、明治維新――。士農工商という階級社会の終焉《しゅうえん》により、武士の社会という武家礼法の基盤もなくなってしまいました。

江戸時代に礼法が必要だったのは、江戸城内に登城できる武士と宮中に昇殿※できる公家だけでした。ですから、武士といっても身分の高い階級に限られていたことになります。そのような武家や公家では、幼いころから行儀作法をしつけられていて、そうした基礎のうえに小笠原家が指南してきたのです。

しかし、時代が変わったことによって、教えるべき内容も対象も変わりました。本来は家庭で習得すべき「しつけ」や「たしなみ」が礼法の基本となり、それを求める層も武士から庶民へと変わったのです。

新しい時代の礼法

この大変革の時代に当主として小笠原家を率いたのは、二十八代清務《きよかね》でした。まだ幕府が存在していたころ、十四代将軍家茂《いえもち》に和宮《かずのみや》が降嫁《こうか》されるにあたって、清務はその御用掛を務めています。

その清務が明治という新しい時代を迎えたとき、何よりも重視したのが女学校教育でした。女学校で学んだ若い女性たちが将来、母親になったとき、子供に対して「しつけ」や「たしなみ」として礼法を教えてくれることを期待したのです。そのため清務は、東京女子師範学校（現お茶の水女子大学）や華族女学校（現学習院女子大学）で教鞭《きょうべん》をとっています。

また、清務は著述活動を通じた礼法の啓蒙《けいもう》にも努めました。行儀作法を身につけ

※**昇殿**　内裏における殿舎の一つである清涼殿「殿上の間」へ昇ること。一定の家格や功績がなければ許されなかった。

ていないために、社会的立場にふさわしいふるまいのできない人が増えている状況を憂《うれ》えたのでしょう。江戸時代とは異なり、能力さえあればどんな身分の人でも立身出世ができるようになったのは喜ぶべきことだったはずですが、その反面、政官界の要職にありながら公式の場できちんとした挨拶ができなかったり、食事のマナーを知らず恥をかく人がいたりしたようです。

ところが、そうした清務を苦々しく感じていた人もいました。その代表的な存在が初代文部大臣の森有礼《ありのり》※で、彼は「なぜ徳川幕府に仕えていた小笠原が、新時代に礼法をやらなければいけないのか」と、清務の活動にずいぶん反対したそうです。

また、そうした不安定な時代にはさまざまな人が現われるようで、小笠原家とは関係がないにもかかわらず「小笠原流」を名乗る人が出てきて、礼法への誤解と混乱をもたらしました。

礼法の本質を捉えた新渡戸稲造

そんななか、礼法の本質を見抜いた日本人がいました。新渡戸稲造《にとべいなぞう》です。

新渡戸は、札幌農学校（現北海道大学）や京都大学で教授を務め、第一高等学校（旧制）校長、東京女子大学学長を歴任した教育者で、日本文化の特質を論じた『武士道』の著者としても有名です。米国留学を経験し、後年、国際連盟の事務次長を務めた新渡戸は真の国際人であり、同時に武士階級の出身者でした。伝統的な礼法を知り、新しい西欧文明にじかにふれた経験ももつ人物でした。

『武士道』の一節を引用しましょう。

「もっとも著名なる礼法の流派たる小笠原流宗家の述べたる言葉によれば、『礼道の要《かなめ》は心を練るにあり。礼をもって端坐《たんざ》すれば兇人《きょうじん》剣を取りて向うとも害を加うること能《あた》わず』と言うにある。換言すれば、絶えず正しき作法を修むることにより、人の身体のすべての部分及び機能に完全なる秩序を生じ、身体と環境とが完《まった》く調和して肉体に対する精神の支配を表現するに至る、と言うのである」

※**森有礼**（一八四七〜一八八九）旧薩摩藩士。福澤諭吉らと明六社を結成。初代文部大臣を務めた。急進的欧化主義者と目され、暗殺された。

新渡戸は、当時の当主清務の言葉をひきながら、礼法は見た目の「型」に意味があるのではなく、実践することに意味があり、それにより心と身体の調和を図ることができると理解していたのでした。

■戦後の小笠原流の姿は

小笠原家は、清務の後に五男の二十九代清明《きよあき》、清明の長男である三十代清信《きよのぶ》、そして現在の当主は私の父である三十一世清忠が務めています。

七〇年前の敗戦によって、日本人の価値観は大きく変わりました。敗戦直後は生きることに必死で礼法どころではなく、学校教育における礼法の継承は途絶えました。しかし、高度経済成長を経て日本が豊かになってくると、礼法を学んでみたいという人が徐々に増えてきました。学校教育においても、現在、共立女子学園、東京女子学院、大成女子高等学校、好文学園女子高等学校、國學院大學などで礼法を授業に取り入れています。

一方、流鏑馬は戦後いち早く復興しています。大正九（一九二〇）年に二十九代清明が鶴岡八幡宮（鎌倉）で復興させた後、行なわれなかったのは昭和一九年から二一年までの間だけで、昭和二二（一九四七）年には復活しているのです。これは、他の武道が軒並み禁止されたなかで、流鏑馬は武道でないとGHQ（連合国軍最高司令官総司令部）が判断したことが大きく作用したと考えられます。

■家業を生業としない

小笠原家は徳川家の旗本として将軍家の指南役を務めてきたわけですが、幕府が瓦解《がかい》したことにより、その身分を失いました。その激動の時代の当主であった二十八代清務には、いくつかの遺訓があります。

その一つは、礼法や弓馬術を教えて、その教授料で生計を立ててはいけないというものです。つまり、教授料をあてにしなくても済むよう、それとは別の仕事に就いて生活費を工面しなさい、と言い遺したわけです。

実際、先にも少しご紹介したように、清務自身は女学校などで教鞭をとって生計を立てていました。その子で、私の曾祖父にあたる二十九代清明は台湾総督府や朝鮮総督府に勤め、祖父の三十代清信は文部省勤務後、明治大学で教育心理学を講じました。

そして、父の三十一世清忠は大学卒業後、医療金融公庫（現・福祉医療機構）に勤務し、私自身も研究職として製薬会社に勤務しています。

率直にいって、会社勤めをしながら小笠原流の行事や稽古を行なうのは、時間的な制約もあり、簡単ではありません。しかし、この清務の教えは非常に大切なことだと考えています。

一つには、教授料で生計を立てると、門人との間に妥協が生まれ、流儀の品位が卑《いや》しくなる恐れがあるからです。それを生業《なりわい》としていなければ、相手の顔色を見て教えたり、歓心《かんしん》を買う必要もありません。

もう一つの理由は、一般社会に出て組織の一員として生活する経験が貴重であるということです。

もし、宗家の嫡男《ちゃくなん》だからと一度も社会に出ることなく、人に教える立場しか経験しなかったら、どこか社会人としてのバランスを欠いた人間になってしまいかねません。社会に出て、さまざまな立場の、さまざまなタイプの人たちとつき合うことにより、仕事を通じて身につくことも少なくないはずです。

もちろん、会社の理解や協力なくして、小笠原流のさまざまな活動を続けることはできません。そうした感謝の気持ちを忘れず、自らを律しながら伝統を伝えていくという姿勢が必要なのだと思います。

「武家の作法」は合理性を尊ぶ

過去八五〇年の間、一子相伝《いっしそうでん》として伝承されてきた小笠原流礼法は、決して枝葉《しよう》末節《まっせつ》にこだわる形式主義のものではありません。この点は誤解されがちなところですが、武家の作法は合理的な考えにもとづいているのです。

ムダな動きを省く

小笠原流礼法の大切な条件として、**①正しい姿勢を自覚すること、②筋肉の動きに反しないこと、③ものの機能を大切にすること、④環境や相手に対する自分の位置を常に考えること**、が挙げられます。つまり、礼法は実用的かつ効率的であるべきであり、身体のムダな動きを省き、必要最小限の機能を使用することが大事なのです。

たとえば、襖《ふすま》や障子の開閉の際には、左右の手は身体の中央で筋肉の働きが変わるため、身体の中央で使う手を替えます。

立ち居ふるまいでも、女性の着物の場合、一方の足を半足前に踏み出すようにして座れば、まっすぐに足が出て、着物は身体に添い、裾《すそ》の乱れもなくなります。逆に、足を引いて座ると着物と身体が離れてしまい、裾が乱れてしまうことがあります。

「立つ」「座る」という動きの場合、膝と股関節は、つねに股関節のほうが上の位置にないと裾は乱れます。まして、身体に反動をつけて立ったりすることは、所作として美しくありません。

小笠原流礼法の基本動作を身につけるには、自然の正しい姿勢からくる合理的な動きが求められるのです。

日常生活のなかでは、「歩く」「立つ」「座る」「ものを持つ」「まわる」「お辞儀をする」「腰掛ける」などの動作が行なわれます。これらの動きに対する姿勢はどうすればよいか、正しい姿勢にともなう正しい動きとはどのようなものかを習得し、まずは足腰を鍛えることから始め、応用に発展すると、正確さ、巧妙さ、即応性、機敏性を身につけていくのです。

■「裏づけの理論」を理解すること

手の動きや立つという動作を例にとって説明しましたが、身体の機能とものの機能を十分に理解し会得《えとく》しなければ、美しい所作に結びつかないことがおわかりになると思います。

マナーやエチケットには、身体の機能やものの機能を理解せずに、ただ丸覚えしておけばこと足りる場合もあります。ところが、小笠原流では「なぜ」という「裏づけの理論」が大切であり、その本質の理解を忘れて、仕草や動作の指導をすることはありません。

また、合理性ということでいえば、小笠原流礼法の本来の動きというものは、武士が戦《いくさ》をするなかで洗練されてつくられてきたわけですから、理にかなわないものは絶対にありません。そこにムダな動きが含まれていれば、それだけ戦いの場では不利になるからです。飾りでつくった動きではなく、ムダをそぎ落として洗練された動きなので、現代人にとっても、身体にもよく、見た目も美しいといえるでしょう。

小笠原流では、男性はものを持つときに、必ず左手を使います。つまり、利き手である右手はいつでも刀を抜けるように、つねに空けておく。本来は、利き手の右手で持ちたいところですが、刀を抜くために左手で持つわけです。

本を持つときも、左手で持って右手を添えます。少し大きなものを持つときも、左手で取って、右手を添える。離すときは先に右手を離して、まずは右手を空けるようにします。

袴《はかま》をはくときや着物を着るときも、同様に左側からです。もし、右側から着てバランスのとれない状態で敵に襲われたら防ぎきれないかもしれませんが、左側から着ていれば、たとえバランスがとれなくても、空いている右手で何とか対処できるという理屈です。

意外に思われるかもしれませんが、小笠原流の門人には理系の方が少なくありません。日本史に詳しい文系の方ならともかく、なぜなのだろうと思って話を聞いてみると、たいていの方は「筋が通っているから」と答えます。

「なぜ、そんなことをしなきゃいけないのか疑問に感じても、伝統を重んじる世界では『昔からそうしているから』という答えしか返ってこないことが多いのですが、小笠原流では一つひとつの動作に理屈があって、筋が通っているから納得できるんです」

ある門人の方が、そんなふうに答えてくれたことがありました。私も理系人間の端くれですから、深く共感したことを覚えています。

もちろん、そうはいっても一朝一夕に小笠原流の本質を理解し、美しいふるまいを身につけることができるというわけではありません。

しかしながら、内容に筋が通っていれば理解しやすく、たとえ時間がかかったとしても、身体の動きやものの機能を理解し、相手を尊重するという気持ちを体得することは、どのような立場の方でも社会生活を営むうえで一つの大きな財産になると思います。

次代の宗家は製薬会社のサラリーマン

ここで、小笠原家の嫡男としての私の生い立ちと日々の生活について、少しお話ししておきましょう。

私は昭和五五（一九八〇）年、三十一世宗家小笠原清忠の長男として生まれました。稽古を始めたのは幼稚園のころです。小笠原流の行事や稽古は土曜日、日曜日、祝日に集中しているため、休みの日に親と遊ぶことはほとんどできず、また稽古があるため、自分だけは友達と遊びに行けないことがしばしばあったことを覚えています。

小学校一年生までは祖父（三十代清信）が元気だったので、両親より祖父から指導を受けることのほうが多かったように思います。祖父は両親や住み込みの内弟子には厳格でしたが、まだ幼かったこともあり、孫の私を厳しく叱ることはありませんでした。

年少のころに住んでいた東京・世田谷の家では、食事は三部屋にわかれてとっていました。父母、私、姉二人、内弟子は同じ部屋で、祖父と祖母はそれぞれ別の部屋で食事をしていたのです。

昔の武士の家はそうしていたということですが、現在はそれほどこだわることなく、私たちも父母と同じ部屋で食事をとっています。

ただ、昔もいまも変わらないのは、何か話しながら食事をすることは絶対にないということです。いまや食卓こそ家族団らんの場であって、家族そろって家庭料理を味わいながら、その日の出来事を話したり、週末の予定を話し合うのが何よりの楽しみと感じる方も多いでしょう。

しかし、わが家の食卓はいつも静かです。

「黙って食べなさい」

幼いころ、食卓でつい口を開いてしまうと、父からも母からもそうたしなめられたものでした。食べ物に感謝しながら味わうためにも、黙って食事に集中すべきだと考えられたからです。

小学校五年生で初めての流鏑馬

乗馬の稽古も、小学校に入る前から始めました。流鏑馬の初心者は布引《ぬのびき》といって、赤い布を背につけ、弓矢を持たずに馬を走らせるのですが、私も小学校五年生の四月、浅草流鏑馬※のときまでは布引でした。

馬を走らせながら初めて弓を引いたのは、その年の九月、鶴岡八幡宮で行なわれた流鏑馬です。弓を引くには当然、両手を使いますが、最初の稽古では手綱《たづな》を離すことができませんでした。なんとか手綱を離すことができたのは、二度目の稽古のとき、父の「離せ！」という大きな声がきっかけでした。

※**浅草流鏑馬**　毎年四月、東京都台東区で行なわれる流鏑馬。江戸時代に浅草神社で正月行事として行なわれていた神事を観光行事として復活させたもの。

その後も流鏑馬の稽古を重ねましたが、翌年の浅草流鏑馬で、私は初めて落馬してしまいます。

このとき、あまりの痛さに私はすぐ病院に行かせてほしいと頼んだのですが、父は「本番が終わるまで休んでいなさい」と言い残して、持ち場へ戻ってしまいました。ようやくすべて終わると、あらためて母を通じて父におうかがいを立てたのですが、父はこう言いました。

「落馬してみなさんにご迷惑をおかけしたのだから、きちんと謝ってから病院に行きなさい」

父の言葉を聞いて、子供なりに流派の厳しさを感じたものでした。

その後は、稽古のおかげなのか、本番で落馬することはもうなくなりましたが、中学一年生くらいまではつい手綱をつかんでしまうこともあり、よく的をはずしてしまう時期もありました。現在では、門人を指導しながら行事を司《つかさど》る立場ですが、自身の技の研鑽《けんさん》にも努めています。

■理系進学と元服式

私は姉が二人の三人きょうだいで、宗家には男性しかなれないため、さぞかし、子供のころから厳しく覚悟を叩き込まれたに違いないと思われるかもしれませんが、実は祖父からも両親からも、「跡取り」としての自覚をうながされた記憶がありません。

おそらく、大人が口うるさく言えば言うほど反発を招いて、逆効果にしかならないと考えていたのでしょう。強制と受け取られて嫌われないよう、さりとて関心を失わせないよう、祖父も両親もずいぶん配慮してくれたのではないかと思います。

ただ、当の本人は気楽なもので、幼いころの稽古は遊びの延長にありました。

父の転勤によって小学校二年生から四年間、暮らした宝塚市（兵庫県）は豊かな自然に恵まれていて、友達とよく近くの山や川で遊んだのですが、興《きょう》じていたのは「狩り」でした。山で手ごろな枝を拾い集めると、それを削って弓と矢をつくっていたのです。手製の矢で魚を突いたり、高い木にとまっているカブトムシを弓で射たり、いま思えばなんとも牧歌的な時代でした。

その後、私が本気で稽古に取り組むようになったのは、高校を卒業してからのことです。

多くの若者にとって、高校を卒業してどのような進路を選ぶかは、人生を左右する大きな分岐点です。自分が将来、どういう仕事に携わりたいのか、悔《く》いのないよう見きわめる必要がありますが、私の場合、それに加えて「小笠原流との両立」を実現しなければいけません。卒業したとき、実は都内のある大学に合格していたのですが、考えれば考えるほど、そのまま進学する気にはなれませんでした。

そこで、私は両親に無理をいって、一年間、浪人することを許してもらいました。「それを認める代わり……」と出された条件が、浪人中も稽古も続けて、すべての行事に参加すること。無理をいった手前、本気で稽古に取り組まざるを得なかったというわけです。浪人してまで志望したのは、親元から遠く離れた大阪大学でした。

いったいどういう進路が自分に最もふさわしいのか、当然ですが、ずいぶん迷いました。

当初、希望したのは医師です。幼いころから病気で門人が亡くなるのを見て医師になりたいと思っていたのです。

しかしながら、医師の門人から話を聞くと、医学部だと時間が取りづらく、稽古や行事を休むわけにはいかないため、あきらめました。

その結果、医学部に近い研究分野ということで、脳神経を学ぶことができる大学を調べて、大阪大学の基礎工学部（生物工学専攻）を志望しました。一時期、親元を離れてみるのもよい経験になるだろうという気持ちもありました。

ちなみに、小笠原流との両立を考えるなら、自由に時間が使える自営業が最良ではないかと考える方も少なくないと思いますが、どのような事業であれ、それだけは固く戒《いまし》められていました。もし事業がうまくいかなかった場合、代々、受け継いだ資産を手放さなければならないからです。なかには、小笠原家が受け継いでこそ意義深い歴史的・文化的な資産もあり、それらを散逸の危機にさらすような「冒険」

は何より許されざる伝統への背信行為なのです。

その浪人中、鶴岡八幡宮で私の元服式がありました。センター試験のちょうど一週間前で、受験生の立場としてはとても落ち着かない気持ちでしたが、このとき門人の方が全国から三〇人以上集まってくださり、何か月も前からこの日のための稽古を重ねてきたといいます。それを知って、とても身の引き締まる思いに変わったのです。

この元服を機に、それまで「清基さん」とか「モト君」と呼ばれていた私が、「若先生」と門人の方々から呼ばれるようになりました。小笠原流の一員であることを強く自覚させられた出来事でした。

家業と生業の両立

念願の大阪大学に進学してからは、学業に加え、関西在住の門人の方々との稽古や関東での行事と稽古も忙しく、しばしば大阪と東京を往復する生活が続くことになります。その費用を捻出するため、さまざまなアルバイトも経験しました。家庭教師や塾講師のほか、ファミリーレストランで接客に携わったことも、いまとなってはよい思い出です。

大学を卒業すると、多くの同級生と同じように大学院へ進むことになります。進学先は筑波大学大学院人間総合科学研究科。専攻は感性認知脳科学です。私の研究テーマは脳下垂体で、その研究に適した設備と環境を求めたからですが、関東在住の門人の方々と交流したいというねらいもありました。

その後、大学院を修了して神経科学博士号を取得したのち、製薬会社に入社して研究部門に勤務し、現在に至っています。研究職は完全な成果主義で、勤務時間に融通がきくのが、流派の行事や稽古を続けるうえでの大きなメリットです。

ただ、組織の一員であることにおいて、ふつうのサラリーマンと変わりはありません。稽古や行事があるため、仕事が終わってから同僚とお酒を飲みに行ったり、社内のレクリエーションに参加することができないのは心苦しいかぎりですが、それでも上司や同僚たちが私の事情に理解を示してくれていることには、心から感謝しています。

現在、基本的には毎週水曜日に世田谷の教場で稽古があるため定時の一七時半で退社し、ほとんどの週末は稽古や行事に費やします。行事は地方で行なわれることも多いので、その準備や移動時間も見込んでおかなければなりません。

しかも、そうした行事はだんだん増えていて、現宗家の若いころは年間一〇回程度だったといいますが、いまでは五〇回前後もあります。

今後、さらに行事が増えるとすれば、小笠原流としても私個人としても何らかの対応が必要になりますが、「家業を生業にしない」という遺訓だけは守り続けていきます。

小笠原流礼法で現代人が学べること

いったいどういう方が小笠原流を学んでいるのか、こうした習いごとに縁のなかった方には想像がつかないかもしれませんが、教場に通っている門人の方々の男女比は、ほぼ半々といったところでしょうか。二十代から始める方もいれば、ある程度、時間にゆとりができる五十代から始める方もいます。なかには半世紀以上も続けていらっしゃる門人の方もいて、年齢層はかなり幅広くなっています。

弓も馬も基本は礼法

礼法だけを習いたい人、弓（歩射《ほしゃ》）だけを引きたい人、流鏑馬（騎射）だけやってみたい人とさまざまですが、弓であれ馬であれ、すべての基本は礼法です。したがって、歩射や騎射を希望される方も、最初は礼法から稽古します。

最近は、小笠原流のホームページを見て入門を希望される方が増えています。その動機はさまざまですが、入門された方の多くは、稽古や行事を離れた日常生活のなかでも、「歩く」「立つ」「座る」「ものを持つ」「まわる」「お辞儀をする」という礼法の基本動作を、できる限り意識しています。

初心者の場合、たとえば仕事中に机に向かっているとき、自分の座り方の乱れに気づいたり、ものを持ち上げるときに意識して姿勢を正すことは、とても大事です。人に見せたり、稽古をするための礼法ではなく、**生活のなかに活かしてこその礼法**だからです。

ある門人の方は、学生時代に弓道部に入っていて、卒業後も弓を引きたいという動機で入門してきました。学生競技でも引くことのできる矢数は決まっていますが、小笠原流の行事で引けるのは一本ないし二本と少ないので、学生時代とは比べものにならない集中力が求められます。

すると、「当てるためにはどのような心構えが必要なのか」ということを真剣に考えざるを得なくなります。その結果、弓を引く動作には一つひとつ意味があり、そうした動作を無理なく正しく行なうには、日ごろの礼法の基礎が大切であると気づくようになるのです。そうした方からは、職場でものごとに動じることが少なくなったという声も聞かれます。

さらに、精神面だけでなく、技術面での応用に役立てている門人もいます。たとえば、礼法で身につけた箸の持ち方と弓術で学ぶ弓の持ち方は、まったく異なるようでいて、実は共通点があります。ムダのなさです。製造業に携わるその方は、こうした**「部分を大切にしながら、部分にとらわれない」**ものの見方や考え方を仕事にも採り入れて、製品開発や企画立案にあたっていると話してくれました。

小笠原流を学ぶメリット

お茶やお花、お香など、わが国にはさまざまな伝統文化があり、さまざまな流派があります。そうしたなかで、小笠原流を学ぶメリットとは何なのでしょうか。私は、弓や馬といった特定の分野にとどまらず、いわば日本の伝統文化を総合的に理解できることではないかと思います。

日本には美しい四季があり、それぞれの季節には節目となる風習やしきたりがあります。また、人生にもさまざまな節目があって、日本人はそのときどきにふさわしい通過儀礼を大切に守り伝えてきました。そうした伝統文化の精華といえるのが、江戸時代、実質的に日本のトップに君臨した将軍家に伝わる作法やしきたりです。それこそが、まさに小笠原流の教えなのです。

将軍家に伝わった作法やしきたりは、少しずつ形を変えながら社会全体に広く伝播していきました。そう考えると、本来、どのような分野の作法やしきたりも本質的には小笠原流と共通しているはずです。そこには、ムダをそぎ落とすことによって得たシンプルな美しさがあります。

さらには、長い間、社会のリーダーであった武士たちの気質や考え方にふれることができるのも、小笠原流を学ぶメリットかもしれません。

もちろん、武士の時代はとうの昔に過ぎ去って、彼らの時代と現代とでは社会の状況が大きく異なるものの、組織人としてのあり方や身の処し方、日常のふるまい、周囲の人々に対する配慮のしかたといったことには、現代と通底する部分があるはずです。こうした意味でも、「生活のなかに活かしてこその礼法」という側面が指摘できると思います。

小笠原流には、日本の伝統文化が息づいています。稽古を通じて、現代に生きる私たちがあまり意識しなくなった伝統文化にふれることができるのは、大きなメリットではないでしょうか。

コラム 1

【騎射】

馬の上から弓を引くことの総称です。騎射三つ物として、流鏑馬・笠懸・犬追物が有名です。鎌倉時代に、武家の式法としての騎射が確立されました。現在、流鏑馬と笠懸を執行しています。

門人の方々の年齢や職業はさまざまで、現在では男女比もほぼ半々です。礼法を習いたい方、弓を引きたい方、流鏑馬をやってみたい方など、入門される動機はそれぞれ異なりますが、礼法はすべての基本となるため、弓や馬を稽古してみたい方も礼法の稽古は必須です。

礼法だけを習おうと思っていた方が弓に興味をもつようになったり、学生時代に弓道部に所属していた方が歩射だけでなく流鏑馬も稽古したりと、いろいろな方がいます。

ご興味のある方は、以下のＵＲＬにアクセスしてお問い合わせください。

弓馬術礼法小笠原教場

http://www.ogasawara-ryu.gr.jp/keikoba.html

小笠原教場では何が学べるのか

小笠原流は、礼法、歩射、騎射により構成されており、教場ではそれらについて学び、稽古することが可能です。ここであらためて、その内容についてまとめておきましょう。

【礼法】

小笠原流の礼法は武家礼法です。武家礼法の特徴は実用的、ムダを省き能率的、合理的であり、その結果、その動きが美しく映ることです。こうした考え方を取り入れた動作は現在の日常生活にも活かすことができます。立ち姿、座った姿勢、お辞儀といった基本の動作から、お茶の出し方、襖の開け方などの動きを通して、武家礼法を伝えています。

さらに、人生の通過儀礼である、髪置きの祝い、袴着《はかまぎ》、元服式なども武家の式法に則った形をいまに伝えています。

【歩射】

歩射とは、地上で弓を引くことの総称です。鎌倉時代に考案された式法が伝わっています。蟇目《ひきめ》の儀、百々手式《ももてしき》、大的式《おおまとしき》、三々九手挟式《さんさんくてばさみしき》、草鹿式《くさじししき》などがあり、現在全国各地の神社で執行しています。ムダを省き、理にかない、礼法にしたがった動きをするのが小笠原流の式法です。

草鹿（くさじし）の的

板で鹿の姿をつくって革や布を張り、中に綿を入れて横木に吊したもの。鎌倉時代より、歩射と騎射の的として用いられた。

第2章

日常を優雅にふるまう

礼法の基本は「心」と「形」

まずは小笠原流の基本的な考え方について、少しふれておきましょう。

「かたち」には「形」と「型」があります。「形」は生きていて、心が通っていることが大切です。一方の「型」は心が通わない鋳型《いがた》であり、「形」ではありません。

したがって、心がともなわないマニュアル的な「型」も、心さえ込められていれば「形」にはこだわらないという考え方も、小笠原流の教えにはありません。他人に心を伝えるには何より「形」が大切で、それを身につけるために稽古を重ね、正しく美しい姿勢を手に入れていただきたいと考えています。

「形」に求められるもの

小笠原流が重視する「形」とは、具体的にどのようなものなのでしょうか。それは状況によって異なりますが、どんな状況においても共通するのは次の三点です。

第一に、実用的でムダがなく、能率的であること。第二に、合理的ですべての動きに科学的な裏づけがあること。第三に、その動きが「美」として映ること。いずれも「型」の模倣を求めているわけではないことは、ご理解いただけると思います。「型」が生じた心のよりどころ、つまりきちんとした理由を理解して初めて「形」となるわけです。

「ものを大切に扱うには、ものの機能を損なわないように」という教えがあります。たとえば、襖を左から右に開くとき、左手で身体の中央まで開き、次に右手に替えて右方向に押せば、筋肉に無理な負荷をかけることなく開けることができます。ところが、これを片手で開けようとすると、襖が身体の中央を過ぎるところで上腕部の筋肉が急速に働いて、荒々しく開けることになってしまいます。

また、よく敷居を踏んではいけないといわれますが、これには理由があります。敷居は柱とともに家屋を支える要であり、歩くたびに敷居を踏めば、敷居は緩み、天井も下がってしまうからです。ちなみに、畳の縁《へり》を踏むなともいわれますが、それは過剰なマナーであるといえるでしょう。敷居とは異なり、畳の縁が傷んでも修理すればよいからです。

相手の立場を尊重すること

人間の社会生活においては、「時・所・相手」に合わせた行動や教養を身につけることが重要です。

他人を大切にするということは、自分を大切にすることから生まれます。それは利己主義や自分本位な態度を意味するのではなく、自分の人格を大切にするということです。そして、作法の心とは他人に対する恭敬・敬愛の心をもつことです。「喜び・怒り・悲しみ」といった感情は行動に表われがちですが、相手を考え、場所をわきまえて気持ちを抑えることも必要であり、相手の立場を考えたうえで行動することは、大切な作法といえます。

作法とは、「時・所・相手」に合わせて、当たり前のことが自然にできること。これは「極めれば、無色無形なり」と表現され、教え伝えられています。

どんな体型でも美しく見える立ち姿とは

礼法の基本には、「立つ」「座る」「歩く」「お辞儀をする」「ものを持つ」などの動作があります。ここではまず、立ち方から説明しましょう。

小笠原流、つまり武士の立ち方の特徴は、まずムダがない姿勢であるということと、つねに「中心」を意識するところにあります。武士にとっては、どんな動作においても中心を意識する、前後左右の真ん中に重心を置くことが必要なのです。そこには、どの方向から敵が斬りかかってきても、即座に対応できるように、という意味があります。

また、騎射（流鏑馬など）の際には手綱から手を離して矢を射るため、馬の上で自分の身体の中心を意識していなければ落ちてしまいます。ですから、つね日ごろから身体の中心を知っておくことが武士にとってはとても大切でした。

堂々とした自然体は難しい

現代人にとっても、そういった意識が必要なのかという疑問も当然、あると思います。戦国時代ならともかく、現代の日本において、日常的に「敵」に襲われる危険にさらされている人などいません。馬に乗る人も、ごくわずかでしょう。多くの方は、立つ、座る、歩くといった動作のなかに美しさを求めることはありませんし、面接試験など、あらたまった場に臨むときにだけ自分をよく見せられればいいと考えがちだと思います。

しかしながら、立つという動作はシンプルであるだけに、そこにはふだんの姿が露呈します。付け焼刃は通用しないのです。

リラックスしていながらも、堂々としていて、自然体というのは、実は簡単ではありません。

たとえば、就職活動中の学生が企業を訪問する際などの姿勢は、全身がこわばり反り返っているか、丸まっているかのどちらかであることが多いようです。前者の場合、過度な緊張感が伝わってきたり、横柄に見えたりします。後者の場合は、極度に警戒している感じを相手に抱かせたり、卑屈で不健康な印象を与えたりします。そうした学生は、企業の玄関を出て緊張が解けたとたん、グラグラ、フラフラの立ち姿に戻ってしまいます。

こうした例は、特別なものではありません。むしろ、現代社会においては多数派ともいえるでしょう。それだけに、正しく立つことは難しく、またそれを身につける価値があるといえるのです。

身体の重心をどう意識するか

「身体の重心（体重をかける点）」と言葉にするのは簡単ですが、その位置を具体的にはっきりと意識できる方は、どれだけいるでしょうか。

おそらく、ほとんどの方が意外に感じると思いますが、両足を平行にしてそろえて自然に立ったとき、**身体の重心は土踏まずの前部あたりに位置する**と考えてください。実際にやってみると、ふだんの姿勢より少し前のめりになっているように感じるはずです。それは、多くの方が踵《かかと》に重心を置いているからです。

スポーツの世界では、ほとんどの競技で重心を前に置きます。その反対が、踵に重心を置いた、いわゆる「ペンギン立ち」で、その中間くらいを意識してください。そのとき、少し腹筋を締めます。そのため、単に立つだけでも、それなりに全身の筋肉を使うことになります。「休め」の状態ではなく、いつでも次の動作に移ることができるような体勢なのです。

身体の各部について、もう少し具体的に見てみましょう。

目線は、少し前方の床に向けます。だいたい二間先とされますから、三～四メートル先と考えてください。

首の位置は、耳たぶをそのまま下に伸ばしたと想定したとき、肩にぶつかるようにします。仕事でパソコンを使っていたりすると、どうしても首が前に出てしまうので、耳たぶを伸ばした先は胸や床に行きがちです。そこで、首と襟の間にすき間をつくらないようにします。ただ、そのままだと顎《あご》が上がってしまうので、顎を引きます。それが首から上の状態です。

美しく見える立ち姿とは

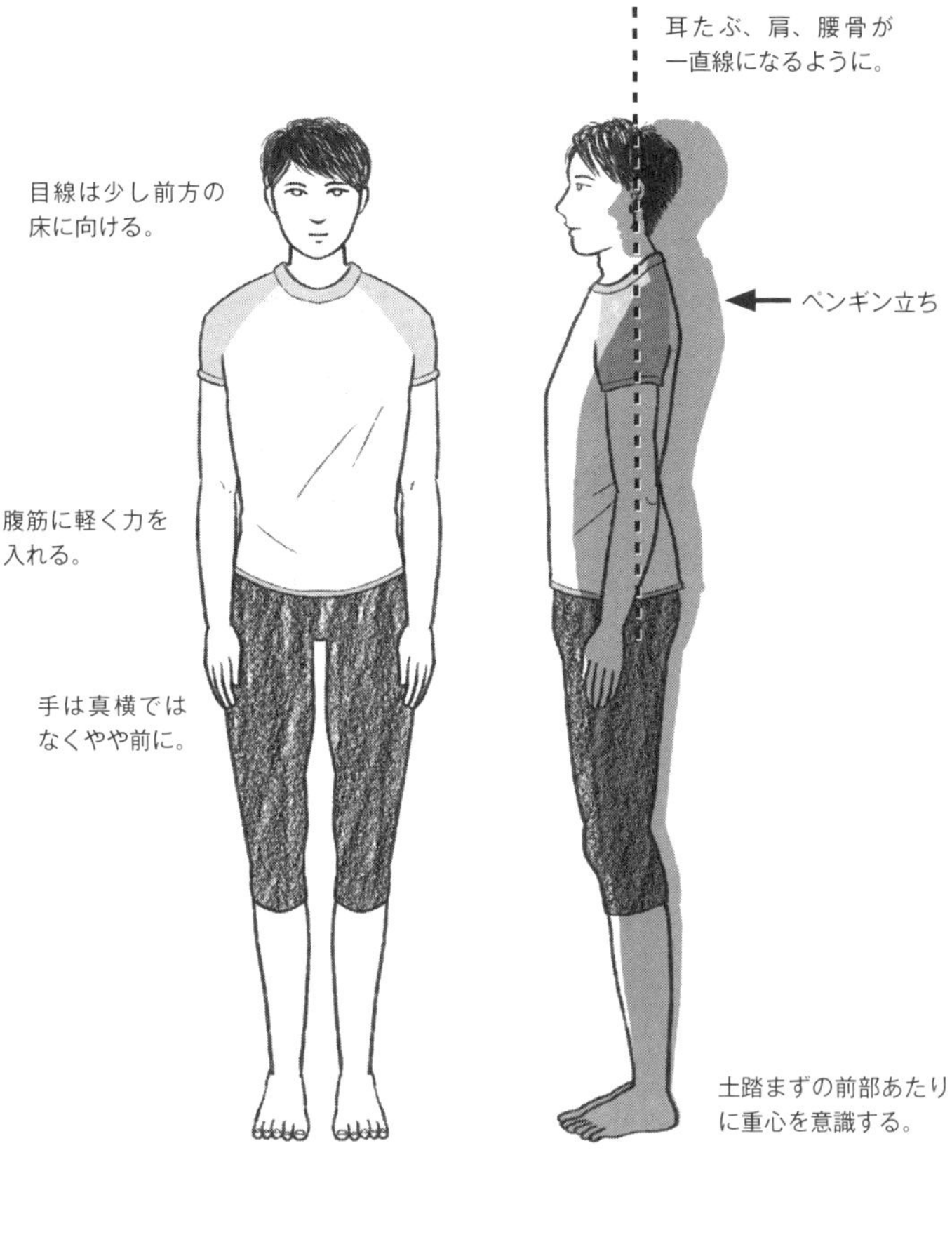

目線は少し前方の
床に向ける。
腹筋に軽く力を
入れる。
手は真横では
なくやや前に。
耳たぶ、肩、腰骨が
一直線になるように。
ペンギン立ち
土踏まずの前部あたり
に重心を意識する。

次に腕の位置ですが、肩が腰骨のところに下りてくるようにします。肩と腰骨が一直線になるようにして、腰骨から土踏まずのちょっと前に下ろす感覚です。

手の位置は、プラプラと振って、足にポンとつくところです。自然な感じで手を下します。「手はズボンの縫い目に沿わせなさい」と教えられた方も少なくないと思いますが、実際にそうしてみると、けっこう不自然な体勢であることがわかります。それは、**肩が身体の真横ではなく、少し前についているためで、自然に手を下ろすと、真横ではなくやや前にくるわけです。**

なお、「気をつけ」の姿勢では手を真横に下ろしますが、これは何かしらの緊張感がある姿勢であり、ここでいう自然体の立ち姿とは異なります。

手の形は、水をすくうときのように指をそろえます。昔は、「ひな鳥を抱くように」などといっていましたが、いまは「水をすくうように」という表現のほうがわかりやすいでしょう。

指が開いてしまうのはよくありません。「立つ」という動作では、手の形など、どうでもいいと思われるかもしれませんが、手が開いているのは、口を開けて立っ

力学的に安定した美しい立ち姿

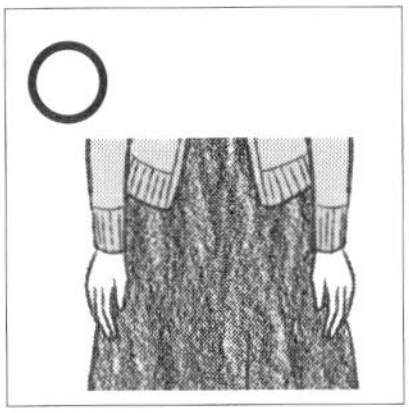

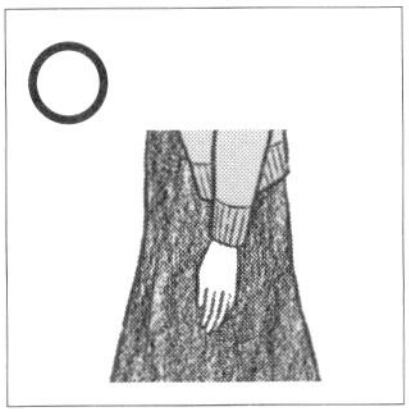

手は、水をすくうときのように、心もち手のひらをくぼませて、小指に意識をもちながらそろえる。

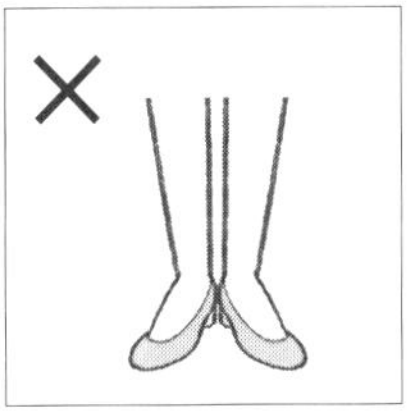

足は開かず、体格に合わせて平行に踏む。

つま先を開いて踵を閉じると、重心が踵に寄ってしまい身体が反るので、両足を平行に踏む。呼吸は腹に落として、平静を保つよう心がける。

ているのと同じで、だらしなく見えてしまいます。身体の末端にまで意識をもつことが大切です。

不慣れな最初のころは、変に力が入ったり、なんとなく身体に違和感があって疲れるかもしれませんが、こういう立ち方を心がけると、そのうちラクになってきます。

そのうえ、人工的につくった形ではないので、姿勢がゆがんでいたとしても、それは徐々に矯正されてきます。もともとあった骨格上の美しさが出てくるのです。長年、不自然な姿勢を続けていると、歳をとってからその影響が出てきます。逆に、若いころからこうした心がけを続けていけば、ある程度の年齢になってもよい状態をキープできるのです。

こうした立ち方は、子供に教えたりする場合には、「身長を測るときのように」と表現することがあります。そうすると背筋がピッと伸びますが、どうしても踵に重心が移ってしまいがちなので、まず上体をしっかり伸ばして顎を引き、それから少し前に身体を傾けます。

重心のズレは踵を見ればわかる

小笠原流では、歩き方の稽古は必ず畳の上で行ないます。畳の上では、いっさいのごまかしがきかないからです。そういう状況で、歩き方の基本を身につけます。

では、その「基本」とは何なのでしょうか。小笠原流では**「腿《もも》で歩く」**ということと**「重心を左右に振らない」**ということです。

腿で歩くことを意識する

日ごろから身体をよく動かしている方ならともかく、デスクワーク中心の日常を過ごしている方の多くは十分な筋力があるとはいえません。そこで、稽古への参加を希望する方がいると、まずは腿の筋力を簡単に調べてみます。

両足を左右に、平行に開きます。ここで、両足がハの字にならないように気をつけます。そうしてリラックスした状態から、上体を動かさず、足裏を滑らせるようにして、すーっとゆっくり引き寄せて閉じるのです。

このとき、勢いをつけて一瞬でポンと閉じたり、足の指を動かして、にじるようにじわじわと閉じるのもいけません。膝と膝をつけるような感覚で、あくまで両足の内腿の筋力で閉じる。一見、簡単そうですが、まったく動かない方もいます。腿の筋力がどういう状態かがよくわかるので、試してみてください。

小笠原流では、歩き方の稽古に際して、まずはこういった動作を繰り返します。筋力が弱い方はすぐに内腿が張ってきますが、美しい歩き方を身につけるうえでの基礎訓練という位置づけで、続けるとよいでしょう。また、この動作は内腿だけでなく、お腹やお尻の筋肉も使います。足で歩くというより、全身を使って歩くための練習になります。

それができるようになったら、同じことを前後でやってみます。前足を固定して、後ろ足だけ動かせば歩けます。

このとき、前後左右に重心がぶれやすくなります。それで、立ち方で学んだ「中

腿の筋力を調べてみる

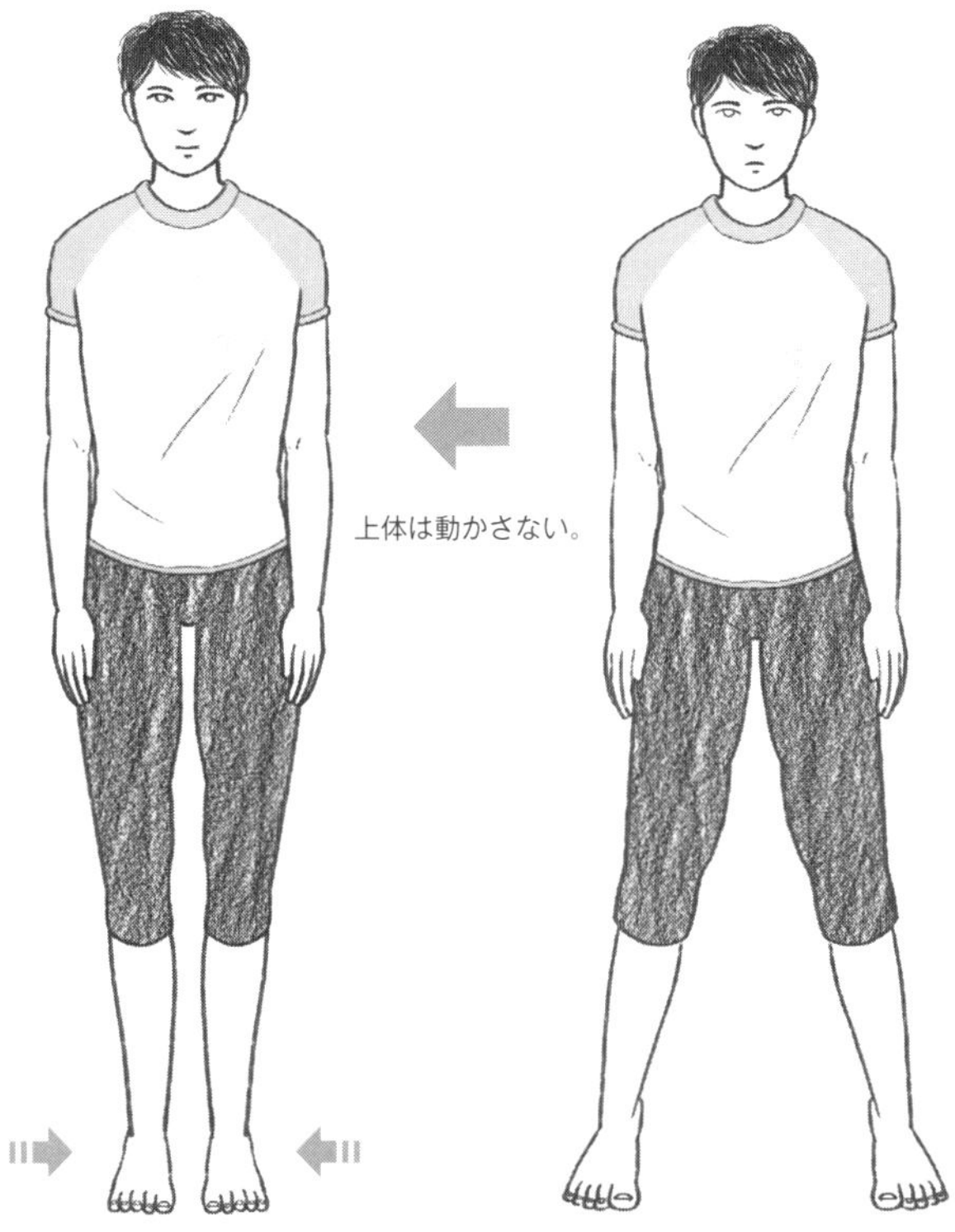

上体は動かさない。

足裏を滑らせるようにしてすーっと閉じる。

両足を左右に、平行に開く。

心」を意識して、腿を使って歩くことを心がけます。

畳の縁を一本の線と考えて、その線をはさんで平行に進んでいくイメージで、足はまっすぐ平行にし（ハの字ではない）、左右同じ歩幅で進むのです。

歩幅は、男女で異なります。男性は二間（約三・六メートル）を七歩で進み、女性は九歩で進みます。これは着物の形状が異なることと体格の違いによるものですが、現代ではそのあたりの状況が変わってきているため、必ずしもその歩数にこだわる必要はないように思います。

外で歩くときに足を下ろすのは、踵からです。踵に意識を集中させます。そうすれば、雨の日など、泥はねをすることがありません。

踵を意識して腿で足を上げれば、蹴り上げる感じにはなりません。走るときは後ろ足を蹴り上げるわけですが、そうなれば当然、泥はねします。いまは、一般家庭には草履があまりないので、代わりにビーチサンダルでやってみるとよくわかると思います。

ペタペタ歩かないためには、足の指先の力も使います。指先も使い、踵も意識す

線をはさんで平行に進むイメージで歩く

畳2枚分（2間）を
男性は7歩、女性は
9歩で歩く。

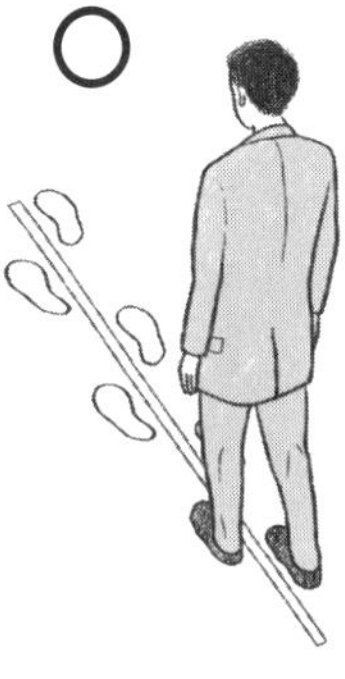

1本の線をはさんで、
両足を平行に進める。

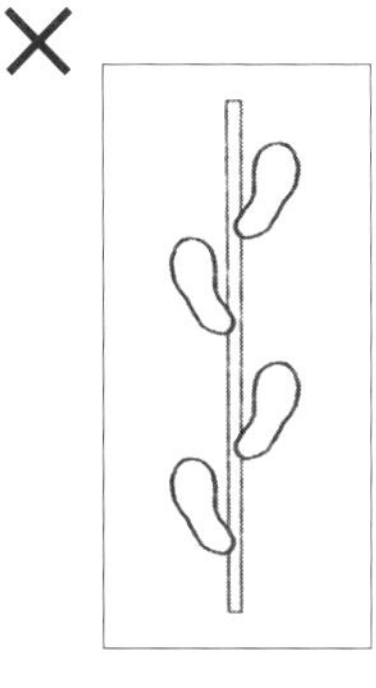

踵で線を踏むような、
つま先が開いた歩き方
は不自然。

前に出した足で後ろの足を引
きずるのではなく、身体の重
心がつねに中心にくるように
歩く。手は室内では腿の側面
やや前方につけて、屋外では
前後に自然に振る。小指まで
伸ばし、呼吸に合わせて進む。

る。日常的な履物が靴になったため、現代人は足の指先を使わなくなりましたが、そこのところを意識しておくといいでしょう。

また、踵を上げる歩き方をすると、腰の位置がずれてしまいます。鏡があれば全身の動きをたしかめながら、腰がずれないようにして後ろ足を前に出すようにすればいいでしょう。

この歩き方を身につけると、足を引きずるようなことにはなりません。足を上げて歩くため、足音がほとんどしません。

「足音をさせないように気を遣っているのですか」と、私もたまに質問を受けることがあるのですが、足音を気にしているわけではありません。きちんと足を上げて、踵から着地させて歩いていれば、足音がほとんどせず、泥はねも避けられるということです。

また、靴の踵の外側だけが異常にすり減るなど、靴裏がアンバランスにすり減る場合は、歩き方に改善の余地があると考えたほうがよいでしょう。中心を意識して歩くことで改善できるはずです。

「歩き十年」といわれる理由

正しい歩き方を身につけることが、身体的な面でメリットをもたらすことはおわかりかと思いますが、ビジネスシーンでも少なからぬメリットがあります。

たとえば、ステージの上を歩いていってスピーチをするときなど、マイクがある場所に向かう姿勢があまりよくないと、それだけでよい印象を得ることはできないでしょう。ニワトリのような歩き方をする人もいますが、スピーチの内容以前の問題で損をしているといえます。

やはりここでも重要なのは、身体の芯がぶれないということ。つねに中心を意識し、身体の芯がぶれないようにして歩くことが大切です。そして、その稽古を反復して行なうことです。

「歩き十年」といわれるのですが、それには理由があります。

歩き方というものは、誰からも教わりません。この世に生まれて、立てるようになり、やがて歩く。それはすべて自己流です。それを矯正するのですから、並大抵のことではありません。

そのため、どこまで矯正するのか、どこまで求めるかということになりますが、最低限、上体を振らないで、足先で歩くのではなくて、腹筋や側筋、お尻などを意識しながら、身体の中心を使うようにして歩くことを心がけていただきたいと思います。

また、歩くことに限らず、動作全般で大切なことは**「呼吸に合わせて動く」**ということです。私たちは、一定のリズムで呼吸をしていますが、他の人も同じようなリズムで呼吸をしているため、呼吸に合わせて動くと、動作はとてもなめらかで自然な印象になります。

畳の上で歩き方の練習をするときには、吸うときに一歩、吐くときに一歩、日常生活では吸うときに二歩、吐くときに二歩、といった感じで歩くといいでしょう。

それまで呼吸と動作を合わせたことのない方の多くは、動作に呼吸を合わせてしまいます。ふだんの呼吸ではなく、動きに合わせて呼吸のリズムを変えてしまうのです。これをあらためるには、自然な呼吸に合わせて動くことを繰り返すしかありません。

礼法の立ち居ふるまいでは、歩く途中で動作が止まることはありません。そして、呼吸が止まることはないのですから、呼吸に合わせて動いていれば、よどみなく動けるはずです。

小笠原流礼法では、この「呼吸に合わせて動く」ということは、基本中の基本です。この練習を続けることが、あらゆる動作の正しさ、美しさを身につけることにつながるということを知っておいてください。

「足を組んだほうがラク」は勘違い

最近は和室のある家が少なくなり、イスに座る生活が主になりました。正座のしかたについては次章でふれますが、ここでは、イスへの座り方について説明します。

跪座の姿勢を意識する

イスに座る場合も正座と一緒で、ただ、だらりと座らないように注意します。立つときや歩くときと同じように、内腿を少し意識するようにします。

何も意識しなければ、足は開いてしまいますが、開いた状態から少し閉じようとすれば、歩くときと同じように内腿の筋力を使います。そうすれば、イスの生活でも必要なところは鍛えられます。なお、女性の場合はぴったりと膝を閉じ、男性の場合は握りこぶし一つ分、空けるようにします。

相手の話を聞くときには、深く座るのではなく、少し前に出て浅く腰掛けます。それによって、背筋が伸びます。つまり上半身は、立っているときの状態と一緒です。

跪座《きざ》の姿勢というのは、つま先を立てた姿勢のことで、座った状態から動作を行なう場合に、この姿勢をとります。跪座の姿勢は、自分の姿勢の正しさをチェックするのにも役立ち、跪座の自覚から美しい姿勢は始まります。

跪座の姿勢では、踵と踵をつけることが重要です。そうすると自然と背筋が伸びます。踵を開いてしまうと、お尻が下に落ちてしまって、背筋が伸びなくなります。そのため、このようにイスに座る場合でも、背筋を伸ばすことを意識するためには、跪座の姿勢が役立ちます。

足を組むのは基本的によくありません。マナーや礼儀としてどうか、ということもありますが、身体のゆがみのもとになるからです。ですから、足を組むのは決してラクな姿勢ではないのです。

手は、力を抜いた状態で腿の上に置きます。人によって位置は異なりますが、どちらかというと腿の中央よりもやや手前です。

そして、腿の長さが短く見えるようにします。短く見えるということは、上体を前に倒すのではなく、腰を入れるということです。腰から背筋をすっと伸ばせば、自然と腿が短く見えます。

視線は、立っているときは二間先に置くと前述しましたが、座っている場合は一間先くらいがよいでしょう。あまり先を見ようとすると、顎が上がってしまいますから、立っている場合の半分ほどの距離が目安になるということです。

イスへの座り方をまとめてみると、上半身の使い方は、立っているときと一緒で、下半身はしっかり腰を入れて腿を短く見せ、背もたれには頼らないということです。人間の身体というのは同じ姿勢を長くとれないようにできていますが、それでも一時間か二時間くらいはなんとかなります。それくらいの時間、同じ姿勢が保てるというのは重要です。

跪座の自覚から美しい姿勢が始まる

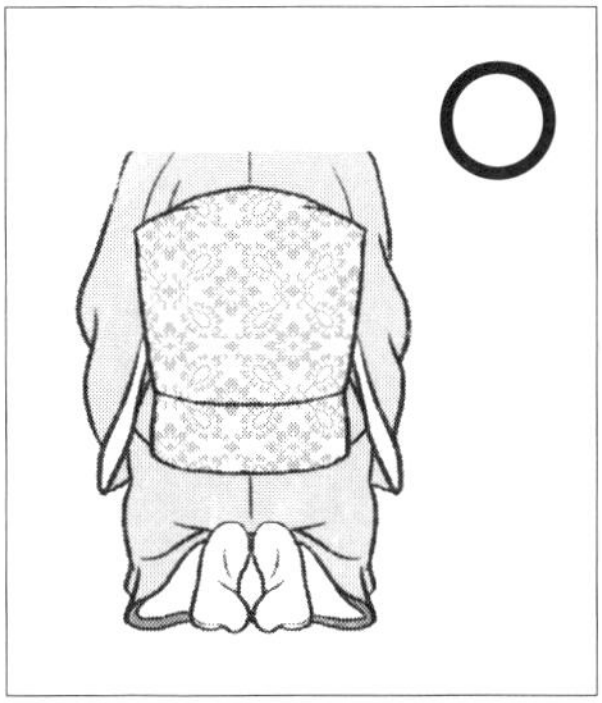

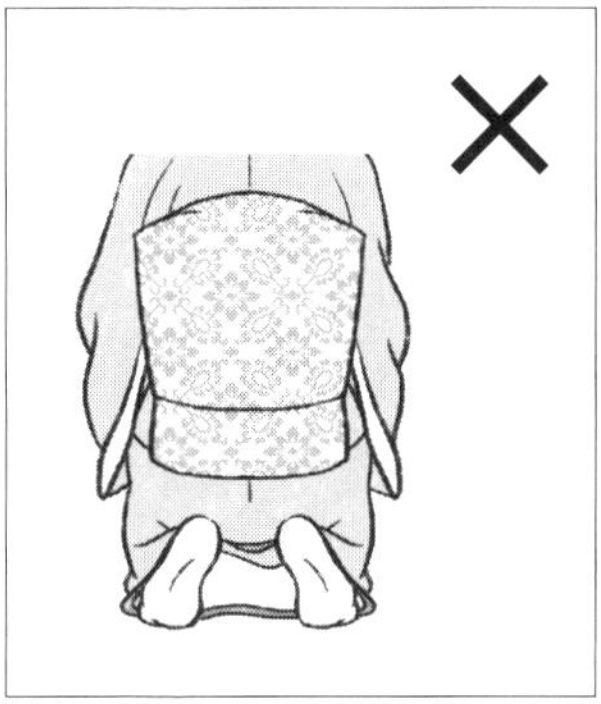

踵を開くと、腰が後ろに落ちてしまう。

跪座の姿勢では、腿が短く見えるように、腰を入れる。踵をつけて、内側に曲げた足の指をできるだけ鋭角にすると、脊柱が自然に伸びる。

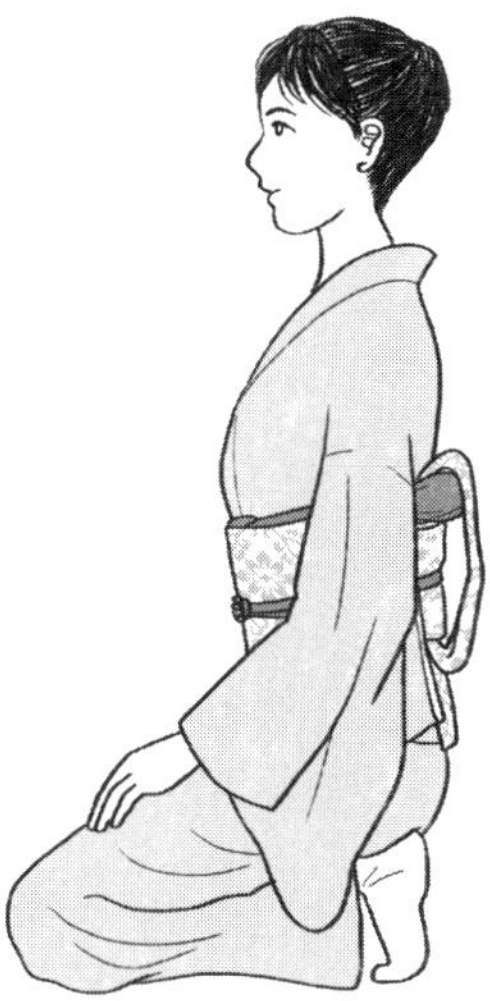

膝ではなく腿で座って腿で立つ

立っている状態からイスに座るときは、まず下座側に立ちます。そして、イスから遠いほうの足を一歩出して、近いほうの足を出しながら横に移動し、足をそろえて座ります。回転するイスであれば、背もたれを持ちながら同じ動作をとります。

そして、なるべく上体を前後に振らないようにします。そうすると膝に負担がかかってしまうからです。膝ではなく腿で座って、立つときもなるべく腿の力を使うようにします。そう考えていくと、日常の動作を少し意識するだけで鍛えられることが、おわかりいただけるでしょう。

最初は大変でも、慣れてきたらそれが当たり前になります。そうした習慣づけが、健康な身体づくりにも資することになるのです。

イスに座る姿勢と視線

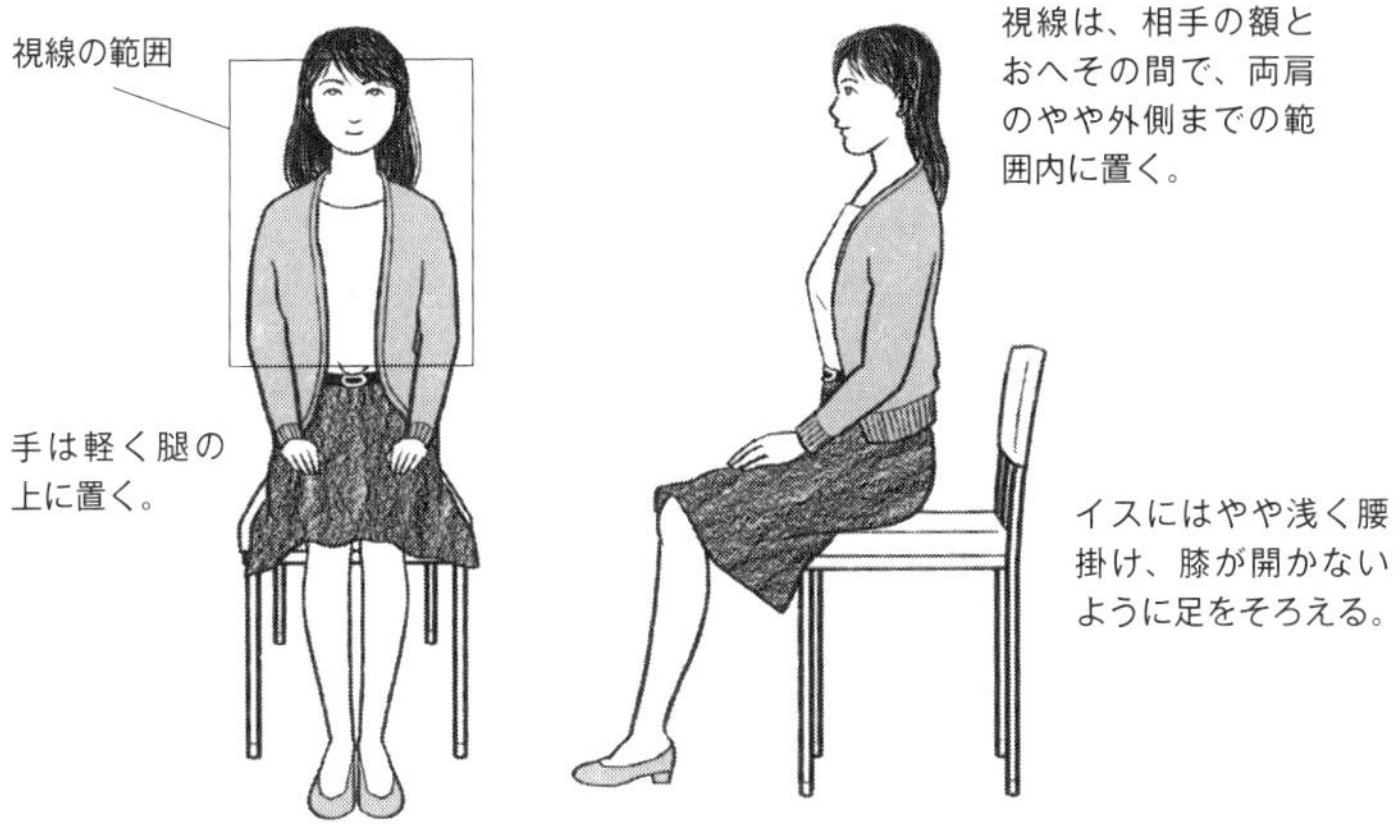
視線の範囲
手は軽く腿の上に置く。
視線は、相手の額とおへその間で、両肩のやや外側までの範囲内に置く。
イスにはやや浅く腰掛け、膝が開かないように足をそろえる。

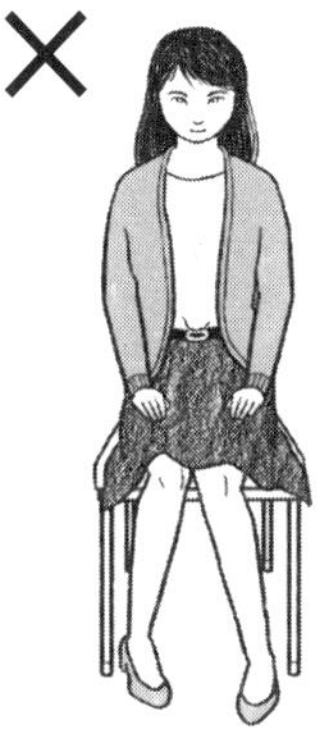
×

膝をつけても、つま先と踵が開いてしまっては美しく見えない。

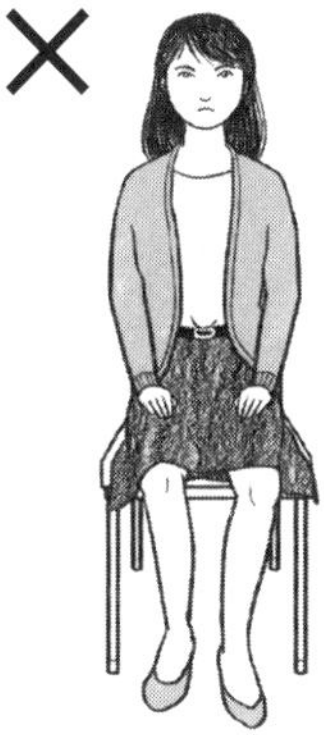
×

膝が大きく開いてしまうと、慎みのない姿に見える。

×

深く腰掛けて背もたれに寄りかかると、背中が丸まってしまう。

イスへの美しい座り方

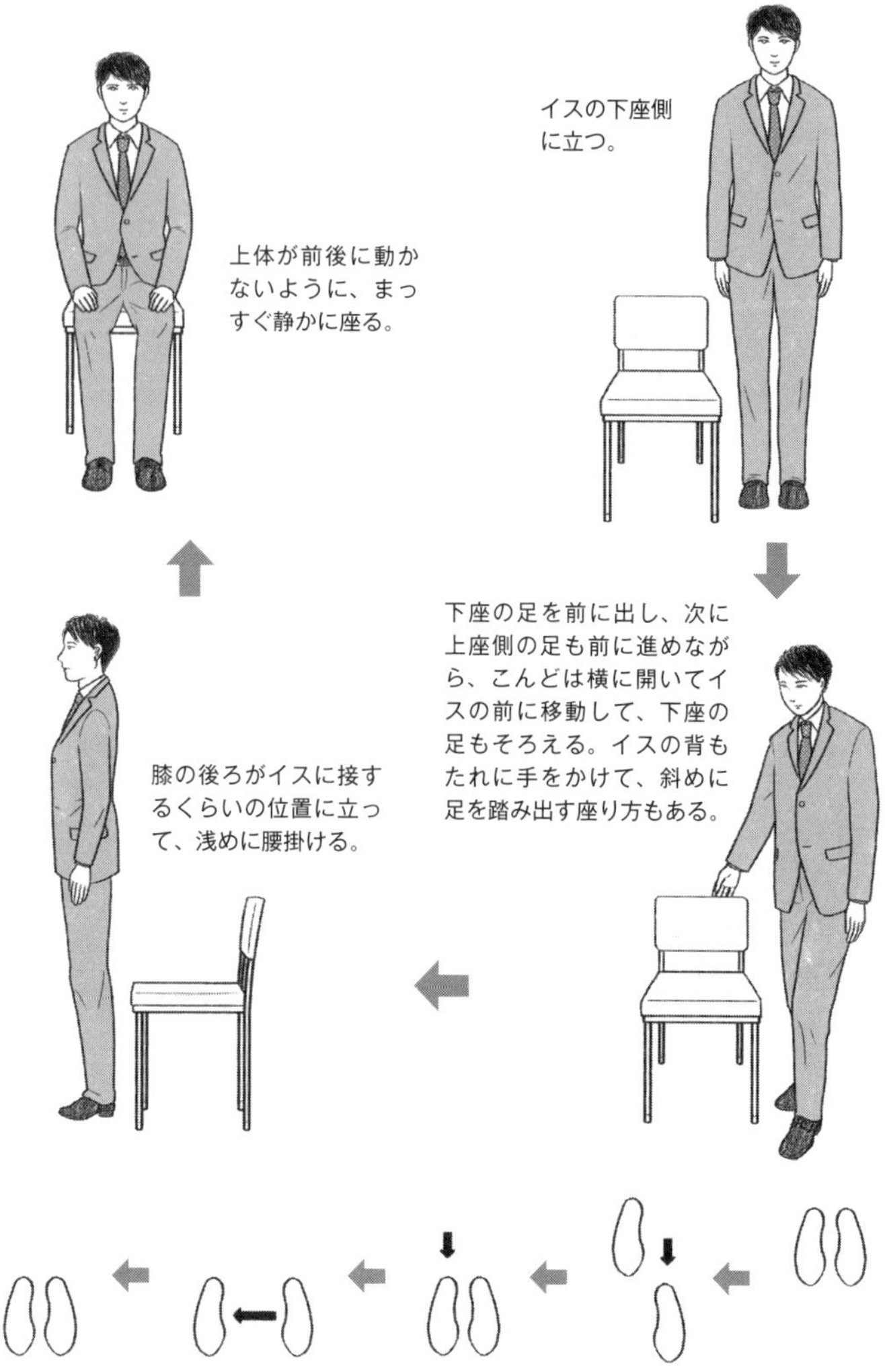
イスの下座側
に立つ。
下座の足を前に出し、次に
上座側の足も前に進めなが
ら、こんどは横に開いてイ
スの前に移動して、下座の
足もそろえる。イスの背も
たれに手をかけて、斜めに
足を踏み出す座り方もある。
膝の後ろがイスに接す
るくらいの位置に立っ
て、浅めに腰掛ける。
上体が前後に動か
ないように、まっ
すぐ静かに座る。

箸使いがうまい人は服を汚さない

食事の作法というと、堅苦しくて窮屈な印象を抱く方も少なくないと思いますが、これも単に「型」を踏襲《とうしゅう》するのではなく、なぜ食事に作法が求められるのかという成り立ちを考えると、ずいぶん印象が変わってくるのではないでしょうか。食事に作法が求められるのは、食事をともにする方にも気分よく、おいしく召し上がっていただきたいからです。

たとえば、食事中に口を開けることがマナー違反とされるのは、くちゃくちゃと噛む音が不快だからです。その音を快く感じる人のほうが多いとすれば話は別ですが、そうでないのなら、できるだけ音を立てないほうが好ましい。同様に、「口から食べ物が飛び出す様子を見ると、心が安らぐ」という人がほとんどいないとすれば、やはり食べ物を噛んでいる間は話すことを控えるべきなのです。

食事の作法は、特定の誰かが「こうあるべきだ」と自分の好みを周囲に押しつけるようにして成立したものではありません。その民族が長い時間をかけて培《つちか》ってきた食文化のなかで、誰もが楽しく、食事を味わうことができるように考えられた知恵の集積といえるでしょう。

したがって、本来、食事の作法には必ず理由があるはずです。なぜそうすべきか、なぜそうしてはならないのかという理由がわかれば、食事の作法はそう堅苦しいものではなくなるのではないでしょうか。

ちなみに、つねに一人で、周囲に誰の眼もない状況で食べるのであれば、作法など気にせず、気ままに料理を味わえばよいと思います。もっとも、そうして気ままな食事を続けていると、きちんとしたマナーが求められる場面でも身ごなしの端々に必ず露呈するものですから、決しておすすめすることはできません。

おかずからおかずに移動しない

うな重など、いわゆるお重を食べるとき、その蓋はどのように扱えばよいでしょうか。食事のマナーを問うクイズなどでよく見かける質問ですが、誤解も少なくないようです。

正解は、「裏返さず、そのまま置く」。**蓋を裏返して、重箱の下に敷いてしまうのはいけません。**そうすれば蓋を置くスペースが不要になり、食卓が狭い場合などには好都合かもしれませんが、蓋に重箱を重ねると塗りが剥げてしまうからです。

重箱の蓋は漆器が多く、なかには蒔絵《まきえ》が施された美しいものもあります。そうした容器を用いることで、料理をさらにおいしく楽しんでいただきたいという、つくり手側のもてなしに応える作法です。蓋さえ決して粗略に扱わないというのは、美しい心遣いではないでしょうか。

これはお重にかぎらず漆器に共通する作法ですが、お椀の蓋のように糸底《いとぞこ》がついている場合は裏返します。

ちなみに、**お椀の蓋は小皿代わりにも使えます。**少し離れたところから料理を取るとき、小皿がないと飯椀で受けたり、手を小皿代わりにする「手皿」をよく見かけますが、いずれもマナー違反です。そういう場合はお椀の蓋を使えばよいと覚えておくと、役に立つかもしれません。

また、食事の作法では食べる順番にも配慮すべきだとされています。たとえば、おかずAを食べて、すぐにおかずBを食べるというのはいけません。おかずAを食べたら、次はごはんかお汁に移る。ごはんもお汁もないお酒の席では、いったんお酒を飲むのがよいとされています。**おかずAとおかずBを連続して食べると、それぞれの味が混ざり合って、わからなくなるからです。**

それでは料理の味を楽しむことができないうえ、つくり手の繊細な配慮を無にすることにもなってしまう。つくり手の意図を尊重する意味でも、料理は一品ずつ、じっくり味わって食べるとよいでしょう。

ただし、一品ずつ食べきってしまうような極端な食べ方もいけません。バランスが悪く、食事を楽しむ姿勢としてはあまりふさわしくないからです。また、つくり手もそういう食べ方を想定しているはずはなく、ごはんやお汁と交互に味わってこそ、おいしさも増すに違いありません。

お重などの蓋はどのように扱うか

うな重などの蓋は、裏返さず、そのまま食卓に置く。重箱の蓋は漆器が多く、蓋を裏返したり、重箱に重ねると、塗りが剥げてしまう。

お椀の蓋は、小皿代わりに使ってもよい。少し離れたところから料理を取るとき、飯椀で受けたり、手を小皿代わりにするのはマナー違反。

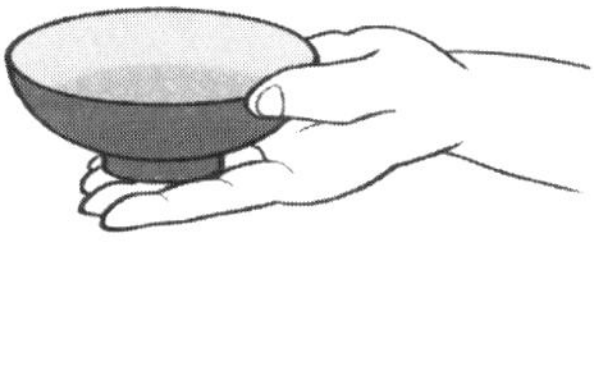

そして、**お漬け物はなるべく最後のほうで食べること。**これはお椀に漆器を用いるのが一般的だった時代の名残りで、当時、食事を終えると食器に白湯《さゆ》を注ぎ、それを飲んでいました。そうしてごはんのぬめりを取り、洗う手間を省いていたのです。そのとき、白湯を飲みながらお漬け物を食べていたそうです。

いまはそうした習慣がないので、お漬け物をいつ食べても構わないのですが、せっかくの料理を差し置いて先にお漬け物に箸をつけるのはつくり手に対する配慮に欠くという点で、やはりできるだけ最後のほうで食べるのがよいと思います。

箸を逆さにして菜箸代わりにしてはいけない

たいていの場合、食卓には料理を取りわけるための菜箸《さいばし》があるはずですが、もしなければ自分の箸を使う「直箸《じかばし》」でも構いません。お箸をひっくり返して使う人もいますが、これは「逆さ箸」といって、マナー違反とされています。手で握っていた部分と口につけた部分のうち、どちらが料理にふれるのが好ましいかを考えてみてください。当然、後者でしょう。

また、逆さ箸をすると箸の両端が汚れてしまい、食事中、そういう状態を周囲に見せ続けることにもなってしまいます。それなら、直箸のほうがよほど衛生的で、見栄えもよいというわけです。

そのほか、膳の向こうにあるものを膳の上を通って手を伸ばすことを「膳越《ぜんご》し」といって戒めています。

また、「袖越《そでご》し」といって、自分の左側にある料理を右手で取ったり、逆に右側の料理を左手で取ることもいけません。膳越しも袖越しも、お皿に袖が引っかかって料理をこぼしたり、不自然な動きで服を汚したりするおそれがあるからです。

箸の使い方については、昔、「箸先一寸（約三センチ）」「箸先五分（約一・五センチ）」といわれて、その程度しか汚してはいけないとされてきました。見た目の美しさもさることながら、そうして箸先しか使わないように注意しながら食べると、ごはんをかき込んだりしなくなるからです。一口分ずつ、きちんと口に入れることになるので、ごはんをこぼすこともなくなります。さらには、少量ずつ食べるので腹八分目でおさまりやすい。ダイエットにもなるのです。

それでも、おしゃべりに夢中になったりすると注意力が散漫になって、つい食べ物をこぼしてしまうものです。食事中のおしゃべり自体、いまや否定はしませんが、口を開くタイミングだけは気をつけたほうがよいでしょう。

自分の口に食べ物が入っているときに口を開くのは、当然、マナー違反ですが、相手がそういう状態のときに話しかけるのも配慮に欠けると思います。いま話しかけてもよい状況かどうか、さりげなくたしかめるように心がけると、相手を困らせずに済みます。

もし、逆にそういう状況で話しかけられたら、すぐに口を開かず、口の中から食べ物がなくなるまで待ってもらっても、決して失礼にはあたりません。

ちなみに、食べるスピードについてはどう考えればよいのでしょうか。

基本的な考え方としては、食事をともにしている目上の方に合わせるものととらえてください。

たとえば、数人で食事をする場合、そのなかで一番目上の方が箸をつける前に食べ始めるのはマナー違反です。まずは上位者が箸をつけるのが作法ですが、食べ終

和食の美しいいただき方

椀を持つときは、親指を縁に少しかけ、中指と薬指の間に糸底をはさむ。

× おかず➡おかず

× 逆さ箸

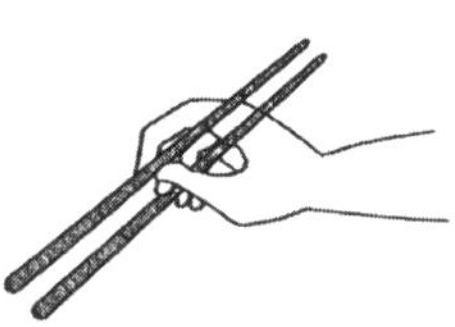

えるのもまた上位者に合わせます。もし、食べるスピードが速すぎて、上位者を待たずに箸を置くようなことになったら、「早く食べ終えてくれ」と上位者に催促するような状態になってしまうからです。

では、男性と女性が食事をともにする場合は、どうすればよいでしょうか。

一般的に、男性より女性のほうがゆっくりと食事をする傾向にあります。男性があえてゆっくり食べるべきか、それとも女性ががんばって男性のペースに追いつくべきか、迷うところかもしれません。

もし、女性が上位者であれば、男性が女性にペースを合わせるべきでしょう。ただ、そうでない場合もなるべく上位者（この場合は男性）にペースを合わせるほうがよいと思います。目上の方をお待たせするのは、やはりよくないからです。もっとも、そのとき上位者が一定の配慮をすべきなのは、いうまでもありません。

いずれにせよ、相手より早く食べすぎたり、逆に長くお待たせすることのないよう、食べるスピードにも十分、注意していただきたいと思います。

重いものでも腰を痛めない上手な持ち方

現代社会は、日進月歩で暮らしが便利になってきていますが、その一方で、人間はどんどん横着になってきています。身体を動かすことが少なくなって、たとえば何かものを持つ場合も、ものに身体を添わせるのではなく、手先だけを使って持つ。落ちたものを拾うとき、しゃがむのが面倒で、腰をかがめて拾う……。

そうして横着をすると、身体に無理な姿勢を強いることになります。また、ほんの一部の筋肉しか使わなくなるため、疲れやすい身体になり、身体にゆがみも生じて、腰痛などの不調にもつながりかねません。

「円相にして水流れ」

小笠原流では、ものを持つときの基本を「円相《えんそう》にして水流れ」という言葉で表現しています。「円相」というのは、大きな木の幹を両手で抱えるような形を指します。

「水流れ」は、肩から指先まで水を流したとき、スムーズに流れる角度をイメージした表現です。

そういう感覚でものを持つと、肩ではなく二の腕を使います。また、手ではなく前腕を使うことになります。つまり、身体の外側ではなく、体幹に近いところで持つことができるのです。

もちろん、持つものの大きさや重さによって持ち方も変わりますが、身体の中心に近いところでものを持つように心がけると、誤ってものを落としてしまったり、身体の一部に不自然な負荷を強いることがなくなります。そして、見た目にも横着さがなくなって、合理的で美しい姿勢を保つことができるのです。

礼を失することのない持ち方

比較的、軽いものを持つとき、三通りの持ち方があります。それらを使いわけることができると、相手に対する礼を失することもありません。ぜひ身につけてください。

重いものを持つときの基本「円相」

肩から肘、指先に向かって、一定に水が流れるような角度で肘を曲げる。

大木を両腕で抱えるようなイメージで、身体の前で円をつくるようにして腕を上げる。

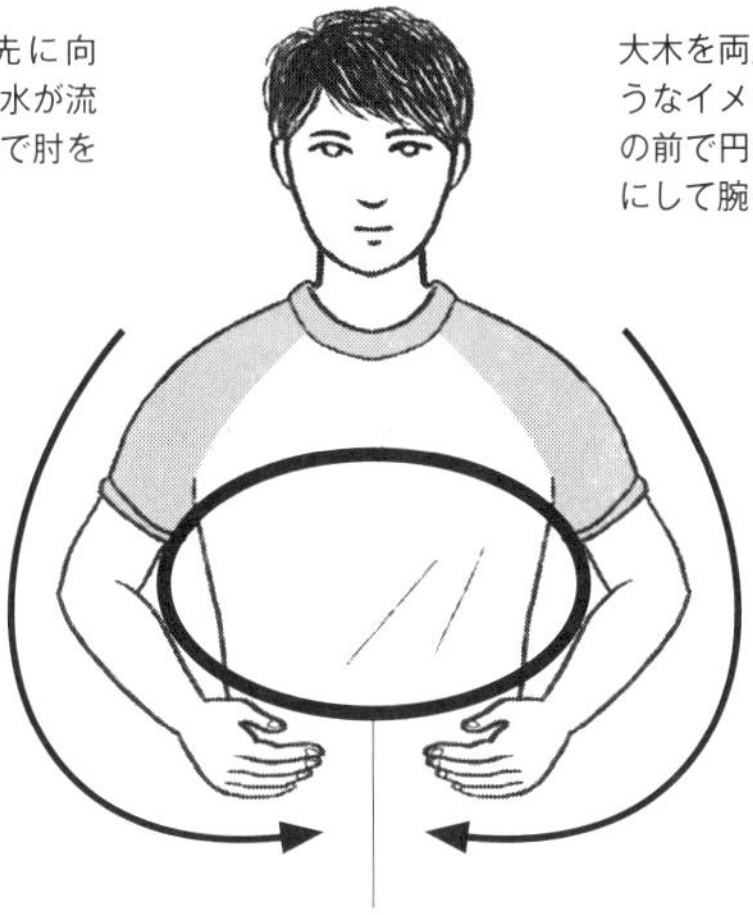

円相

円相を心がけると、身体の外側ではなく、体幹に近いところで持つことができる。そのため、ものを落としたり、身体の一部に不自然な負荷を強いることがなくなり、美しい姿勢を保つことができる。

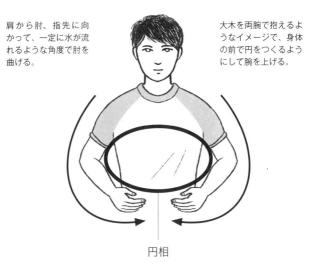

目通《めどお》り――神様に供える飲食物を「神饌《しんせん》」と呼びます。神饌を捧げ持ったり、記念品を授与された場合などは、目の高さでものを持ちます。

肩通《かたどお》り――肩の高さで腕を地面と平行に伸ばして持ちます。お客様のお膳のように、自分の息がかかってしまうのを避けたいとき、こうするとよいでしょう。

乳通《ちちどお》り――胸の高さで持ちます。同輩や目下の人との受け渡しでは、これくらいの高さに持ちます。

いずれの場合も、持ち方の基本が円相であることに変わりはありません。乳通りから下の場合は円相を身体に近づけ、ややつぶすような感覚で行ないます。

武士は常に右手を空けていた

これまでも申し上げてきた通り、小笠原流は本来、武士のための礼法です。したがって、武士という階級そのものが存在しなくなった現代社会においては、歴史的な名残りとなってしまった教えもあります。その典型が、ものを持つ際の作法です。小笠原流では、男性の場合、できるだけ右手を空けておくため、左手でも

3通りの持ち方を使いわける

目通り

神饌を捧げ持ったり、記念品を授与された場合は、目通りに持つ。

肩通り

お膳など、息がかかってしまうのを避けたいとき、肩の高さで腕を地面と平行に伸ばして持つ。

乳通り

指先が縁から出ないようにして胸の高さで持つ。同輩や目下の人との受け渡しは、この高さで行なう。

のを持つのが基本なのです。いうまでもなく、左の腰に差した刀を右手で抜かなければならないからです。

現代の私たちから見ると、江戸時代までの武士社会は過酷な世界で、いついかなるときも臨戦態勢を整えておくのが武士のたしなみでした。

仮に、右手で何かを持っているときに敵が斬りかかってきて、応戦できずにあえなく命を落としたとしたら、武士社会は両者をどう評価したでしょう。正々堂々と斬り合わなかったという意味で、攻撃側を批判する声は上がったはずですが、それを武略だと評価する声もあったに違いありません。つまり、斬られた側の不覚悟や油断も武士としての心得に欠けていたとして批判されたはずなのです。

かつてはそうした価値観を背景としていた小笠原流では、男性は必ず左手でものを持ち、そこに右手を添えるのが基本でした。お酒を飲むときも、杯は必ず左手で受けます。

一方、女性は帯刀していないため、右手を空けておく必要はありません。ものを持つときには利き腕である右手で持って、左手を添えます。お酒を飲むとしたら、杯は右手です。

では、左利きの武士はどうしたのでしょうか。

ほとんどの場合、幼いころから厳しく右利きに矯正されたようです。実は、私の父で現宗家の清忠も左利きだったのですが、同様に幼いころから徹底して右利きに矯正されたといいます。もし左利きのままだったら、食事中、右側にあるものを左手で取ろうとして「袖越し」になってしまうなど、小笠原家の当主として、ずいぶん苦労したのではないでしょうか。

もっとも、現代の男性は刀を抜く必要がないので、小笠原流でも男性が右手でものを持つことを戒めてはいません。もちろん、左利きでも構いませんが、門人の方から相談されることがあると、現宗家は「左利きをやめる必要はないが、右手も不自由なく使えるようにしておけばよい」と答えています。

すべての動作は「呼吸」に合わせる

日常生活において、自分の呼吸を意識する機会はあまりないと思います。それゆえでしょうか、稽古のとき「動作を呼吸に合わせてください」と言うと、入門して間もない方ほど、逆に呼吸を動作に合わせてしまいがちです。

いうまでもなく、誰しも呼吸には一定のリズムがあります。しかし、ふだんは無意識のうちに行なうことを意識して行なおうとすると、リズムが乱れて、身体の動きまでぎこちなくなってしまう。しばらくの間は難しいかもしれませんが、自分の呼吸を意識することに慣れてくると、そのリズムに合わせて自然と身体を動かすことができるようになります。

なぜ、息を合わせる必要があるのか

自分の呼吸に合わせて身体が動くようになると、動きに無理が生じません。

たとえば、お辞儀をするときには息を吸いながら上体を倒し、倒した状態でいったん息を吐いて、再び息を吸いながら上体を上げます。上体を倒すときには背中が丸くなりがちですが、**息を吸いながら上体を倒すと、自然と背中が伸びてきます。**

お辞儀だけでなく、あらゆる動きを呼吸に合わせると、そうして背中が伸びやすくなって見た目にも美しい姿勢を維持することができるのです。

また、一定のリズムで繰り返される呼吸に合わせることができれば、勢いをつけたり、身体の一部に余計な力を入れてふんばらなくても、よどみなくスムーズに動けるようになるのです。そうすれば、身体に不自然な負担をかけることもなくなり、動きが周囲に粗雑な印象を与えることもなくなるでしょう。

さらに、自分の呼吸だけでなく、誰かと呼吸を合わせることにも大きな意味があります。

実は、性別や年齢が違っても、呼吸のリズムはほとんど変わらないそうです。男性も女性も、年配の方も若者も、東洋人も西洋人も、そのリズムに大きな差はありません。だとすれば、性別や年代、国籍などが違っていても、人間は誰とでもリズムを合わせることができるはずです。つまり、「息が合う」可能性があるわけです。

相手と息が合えば、そこに調和が生まれます。ゆえに、**お辞儀をするときに相手と呼吸を合わせようと意識を働かせると、初対面でもそれだけで何となく気持ちも通い合ったような気になるのです。**

小笠原流の稽古や行事には、稽古を重ねた門人の方々が全国から集まってくるものもあります。顔見知りでも、ふだんは一緒に稽古をしているわけではないので、流鏑馬のような大がかりな行事に臨むときには詳細な打ち合わせが欠かせません。……というべきところかもしれませんが、実はほとんどの場合、簡単な打ち合わせだけで本番に臨みます。熱心に稽古を積んだ方が多いので、行事の進行さえ互いに確認できていれば、詳細な打ち合わせはほとんど必要ないのです。それは、息が合うからだと思います。

そのことは武士の世界でも同様だったはずで、合戦に参加する武士が「明日に備えて、みんなで集まって練習でも」とはいかなかったでしょう。日ごろ、訓練を重ねていれば、事前に最低限の打ち合わせをするだけだったはずです。あとは味方の息が合うかどうか。息が合えば味方に一体感が生まれるでしょうし、息が合わなければ連係に齟齬《そご》が生じてもおかしくはありません。呼吸は案外、合戦の勝敗を左右する要因の一つだったのかもしれません。

自然な呼吸を心がける

小笠原流の稽古は、まず稽古場の掃除から始まります。理由は二つあって、一つはもちろん、稽古場をきれいにして清々しい気持ちで稽古に臨むためです。そしてもう一つが、呼吸を整えるためなのです。

多くの方にとって、教場はいわば非日常の場です。家庭や職場という日常の場から非日常の場へと環境が変わっても、すぐに気持ちが切り替わるわけではなく、ある種の緊張感から呼吸が浅く、早くなりがちなのです。そこで、まずは稽古場の掃除をしながら非日常の環境に慣れ、気持ちを落ち着かせるわけです。

掃除が済むころには、気持ちも身体も稽古場の雰囲気になじんできます。そうして落ち着いた状態で、まずは正座をして、自分がどういう呼吸をしているのか、目をつぶってたしかめ、ゆったりと深い呼吸ができるようになってから稽古を始めます。

日常生活においても、呼吸を意識すると身体がラクに動きます。

たとえば、通勤中、最寄り駅から会社まで歩くときでも、ただ漫然と歩くのではなく、息を吸いながら二歩進み、息を吐きながら二歩進む、といった感じで歩いてみると、意外なほどラクに歩くことができます。二歩でも三歩でも、自分に合ったペースを見つけて、できるだけ浅い呼吸にならないよう、ゆったりとした呼吸を心がけてください。

「中腰」になって筋力を鍛えよう

小笠原流の門人の方々が、いったい何のために稽古をしているのか、その目的は人それぞれですが、礼法を稽古する方々のなかには、礼儀作法を学んでいるうちに結果として身体の調子がよくなったという方もいます。長年、悩まされた腰痛が治まったり、膝の痛みがなくなったと話す方もいました。

正しい身体の動かし方と筋力

もし、礼法を稽古することで膝の痛みがなくなったとすれば、それはおそらく腿の筋力を使うようになったからでしょう。膝で立っていた方が、腿で立つようになったわけです。このように、身体の機能に逆らわない正しい動きを身につけることで、身体の一部に強いていた不自然な負荷を解消し、美しい身ごなしだけでなく健康も取り戻すことができたという方は、決して少なくありません。

また、弓術や弓馬術を稽古している門人のなかには年配の方もたくさんいますが、いわゆる四十肩や五十肩に悩まされているという話はほとんど聞いたことがありません。弓を引くという動きによって筋肉を鍛え、正しく関節を動かしているため、そうした不調にならずに済んでいるのでしょう。実際、これまで小笠原家の者で四十肩や五十肩を経験した例は皆無だと思います。

そのほか、ぎっくり腰を患《わずら》ったというケースもほとんど聞いたことがありません。前述したように、ものを持つときに横着をせず、理にかなった持ち方を身につけることができるためです。

筋力や身体の使い方は退化している

生活が便利になる一方で、現代人の筋力は低下しています。これは、日本風の動きから西洋風の動きに変わったことに原因があります。イスの文化が入ってきて、和室が減って洋室が増えました。本来であれば鍛えられるべきところが、使わなくて済むようになってしまったことが結果として退化をうながしたということです。

たとえばイスに座っているときに、足をボンと開いてしまいがちですが、その理由は内腿の筋肉と腰の脇の筋肉がまったく使えていないことにあります。昔であれば、正座やきちんと立つ姿勢によって鍛えられたのですが、いまはそういう機会が少なくなってしまいました。そういう筋肉を鍛える動きがなく、筋力がないので足が開いてしまうわけです。

トイレについても同様のことがいえます。和式トイレであれば足腰が鍛えられますし、足首も柔らかくなります。いまは日常生活で、蹲踞《そんきょ》のような姿勢をとることがないため、やはり生活スタイルの変化の影響は大きいといえます。

小笠原流では、歩く、立つといった動作でも、全身の筋力、いわゆるインナーマッスルを使うので代謝が上がります。最近は足を引きずるように歩く人が多いようですが、きちんと腿を上げて歩けば自然と筋力はついてきます。また、弓を引くと二の腕の裏を使うので、そのたるみがなくなったりするようなこともあります。

基礎的な筋力をつけるための日常的なトレーニングとして、私は学生のころ、お風呂に入るときに蹲踞をしていました。その姿勢で身体を洗うのです。数分のことですが、このとき上体を動かしながら蹲踞の姿勢を保つというのは、かなりの鍛錬となります。

お風呂のなかなので、いくら汗をかいても構いませんし、身体が温まっているため関節も柔らかくなります。そのため、門人の方には、お風呂のなかで蹲踞して身体を洗ったり、湯船に浸かっているときに跪座をすることをおすすめしています。

実は、蹲踞という姿勢はいまの生活でもよく使います。たとえばお茶を出すときに、ちょっと中腰になると印象がよくなります。中腰の姿勢をもっと下げれば蹲踞の姿勢になり、そうして日常のなかでも筋力をつけることは可能なのです。

疲れたときから稽古は始まる

もう限界だと感じつつ、もうひとがんばりしているうち、それまで手が届かなかったところに到達するような飛躍的な成長を経験したことはないでしょうか。スポーツでも勉強でも、つらく苦しい時期を耐えて、そこを突き抜けた瞬間、それまでとはレベルの異なる境地に達するという例は少なくないようです。小笠原流の稽古でも、同じことがいえます。

力を抜いた動きを会得する

たとえば、稽古を始めてからまだ日が浅い小笠原流の門人の方が、流鏑馬の稽古に励んでいるとしましょう。日常、教場での稽古では実際の馬ではなく木馬を使います。木馬にまたがり、帯にはさんだ矢を抜いて弓につがえ、力いっぱい弓を引いて的をねらい、最後に矢を放ちます。

こうした稽古を繰り返すうち、当然ながら、疲れてきます。腕にも腹にも腿にもだんだん力が入らなくなってきて、そのうち弓を構えることさえできなくなってきます。全身がへとへとになって、誰しも休憩しなければどうにもならないと思ってしまうものです。

しかし、疲れたからといってその時点で休んでしまうと、実はさらなる高みに達することはできません。もう限界だと思っても、さらにふんばって稽古を続けることが、上達するための唯一の道なのです。小笠原流では**「疲れたときから稽古が始まる」**といっています。

それはおそらく、筋力に頼った動きができなくなるからだと思います。力業《ちからわざ》でねじ伏せるような、ある種のごまかしがきかない状況のなかで稽古を続けるうち、全身から余計な力みが抜けて、動きが洗練され、技が冴えてくるのでしょう。自分でも気がつかないうちに、あるレベルから次のレベルへと技量が昇華するようなイメージです。

もっとも、誰もいない場所でそういう状況まで自分を追い込むと危険な稽古もあります。そういう場合には、熟練した先達がきちんと見守る必要がありますが、ふらふらになって倒れる寸前まで稽古に励んだ経験は、精神的な成長にもつながることでしょう。

そうした成長の瞬間を思わせる印象的なエピソードがあります。

あるとき、長年、稽古を続けている門人の方に「いままでで一番よく歩けたと思えたのは、どういうときでしたか」と尋ねたことがありました。

すると、その方ははっきりと、ある夏の稽古を挙げました。

「その日は猛暑で、熱中症になりかけるくらい何時間も何時間も歩く稽古をしていたんです。そのうち全身がふらふらになって、意識も朦朧《もうろう》としてきた。そのときですね、全身の余計な力が抜けて、自分の理想とする歩き方に近づくことができたと思ったのは」

その話を聞いて、私もますます稽古に励まなければいけないと心から感じたものでした。

コラム 2

数字では、奇数が陽で、偶数が陰といわれます。

たとえば、流鏑馬には３つの的があります。これは陽数です。三々九手挟式という弓の行事では、的の一辺の長さは、前弓は８寸（陰の最大の数)、後弓は９寸（陽の最大の数）と規定されています。前弓の板的の裏には十文字の切れ目(四分割）が入り、後弓の板的の裏には３寸ごとの井桁の切れ目(九分割）が入っています。

結婚式にも陰の式と陽の式があります。陰の式は神に捧げる式で飾りは清楚、衣服や器には白や銀色を使います。これに対して陽の式は人としての式で、赤や金色を用います。

元服式では柳の木でつくった五角形の台の上に乗って、子供の服から大人の服に着替えさせます。この五角形というのは、東西南北と中央の人を表わしており、ここにも陰陽道の思想が見られるのです。

また、流鏑馬神事において馬上で射手が発する「インヨー(陰陽)」という矢声は、宇宙、ひいては神そのものと呼応し合うためと考えられています。

礼法と陰陽道

陰陽道《おんみょうどう》とは、平安時代からわが国においてあらゆる学問のもととなった思想であり、森羅万象《しんらばんしょう》・宇宙のすべては、陰と陽、光と影、プラスとマイナスなど、相反する２つの気のバランスと循環によって成り立っているという考え方です。

実は、鎌倉時代の武士も陰陽道を思想に取り入れていました。小笠原教場でも、礼法・歩射・騎射は、すべてが陰陽道を軸に成り立っています。

弓の模様、歩射行事における設営法などは、陰陽道の方位・数字にもとづいています。

たとえば、「重籐《しげとう》の弓」という大将クラスの武将が使っていた弓には、その握りの上に籐が36か所、握りの下に28か所、巻かれています。36というのは三六禽《きん》、つまり36もの動物が地上にいるという意味で、28は二八宿《しゅく》という天の赤道を分割したものを指します。つまり、弓の下側が天を表わし、上側が地を表わすわけです。

弓を引いているときは、地が上で、天が下になります。矢を放った後は弓を倒し、上下が入れ替わります。すると、天地がもとに戻る。弓を引くことによって乱れた世を整えるという発想を表現したものであり、これが陰陽道の考え方なのです。

相位弓（そういきゅう）

木と竹を組み合わせて膠（にかわ）で接着し、それに麻糸などを巻いて漆を塗ったうえに、さらに籐（とう）を巻きつけた弓。

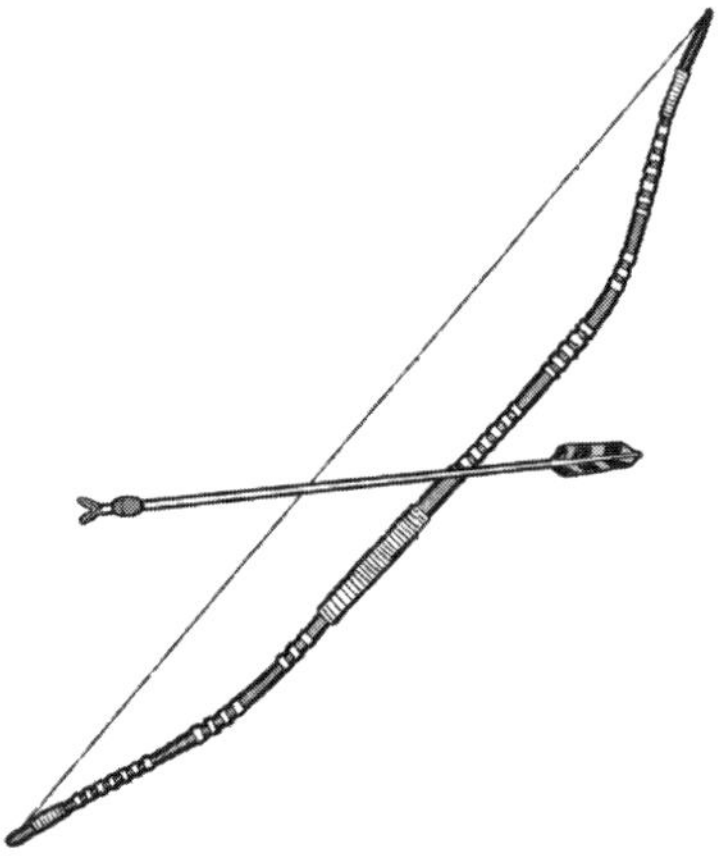

第3章

身ごなしで相手の心をつかむ

油断禁物！　上座と下座は変化する

教養は、言語や動作を通じて相手に伝わります。そして、相手の心をつかむためには、社会人としての常識をわきまえた交際ができなければなりません。

現代社会においては、言葉遣いにしても日ごろのふるまいにしても、非常に自由で平等です。しかし、自由で平等なだけでは成り立たない人間関係もまた存在します。たとえば、経験者と未経験者、先生と生徒といった立場の関係性を無視することは、およそ常識的とはいえません。

こうしたいろいろな立場を踏まえ、「時・所・相手」に合わせられることが大事です。また、それは相手の人格を尊重する、ひいては自分の人格を大切にすることにつながります。

初代仙台藩主の伊達政宗は、「この世に客に来たと思え」と教えました。これは、指導者としての地位にある武士に対して、その態度を教えたものですが、上に立つ者ほど謙虚に、礼にかなったふるまいをしなければならないということです。

ＴＰＯをわきまえて、相手を尊重する態度をとるためには、自分の位置をつねに見定めることが必要です。小笠原流ではそのことを大切にしてきましたが、そこに「上座《かみざ》・下座《しもざ》」の考え方が活きるのです。

なぜ西洋は日本の逆なのか

一般的に、上座が部屋の奥で、下座が手前の出入口に近いほうといった認識があると思いますが、上座と下座は「時・所・相手」によって変わります。

日本では、太陽の通る南を向いて陽の出る東（左）を上位、つまり向かって右を上座とします。逆に西洋では、陽の出る東を向いて、暖かい南（右）を上位、つまり向かって左を上座とします。つまり、日本と西洋は上座についての考え方が違うのです。国際社会のなかでは、場に応じた使いわけが必要となります。

和室では、床の間の前が上座、出入口に近いほうが下座となります。床と脇床が一つの場合、向かって右に床があるものを本勝手《ほんがって》といいます。本勝手の場合、床の間の前が第一位、床に向かって右側が第二位、左側が第三位となります。

反対に、向かって左に床があるものを逆勝手といいますが、第二位以下が左右逆になります。

洋間の場合には、備え付けのマントルピースや飾り棚のあるところが上座となり、それがない場合には出入口から遠いほうが上座となります。応接セットが置かれている場合は、ソファが第一位の席となります。

なお、部屋の出入りや人の前を通るときなどは、下座の足から進み出て、上座の足から下がります。この逆の動きをしてしまうと、相手を蹴るような足使いとなり、背を向ける動きとなるからです。これも、相手を気遣うふるまいの一つといえるでしょう。

西洋式に変わった男女の位置

江戸時代までの雛飾《ひなかざ》りは、向かって右側が男雛、向かって左側が女雛でした。と

部屋の状況に応じて変わる上座と下座

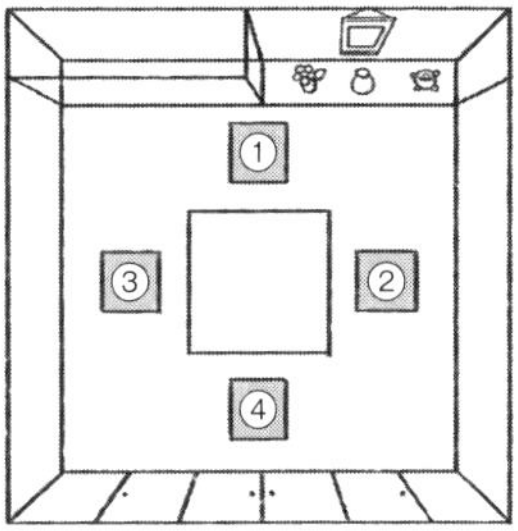

本勝手の床の間

向かって右に床の間がある本勝手では、床に向かって右が第２位になる。

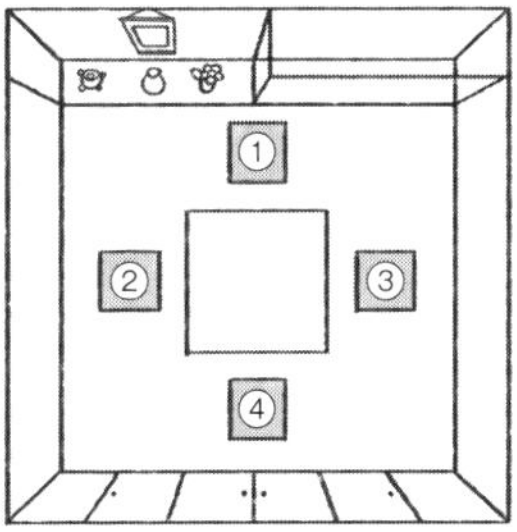

逆勝手の床の間

向かって左に床の間がある逆勝手では、床に向かって左が第２位になる。

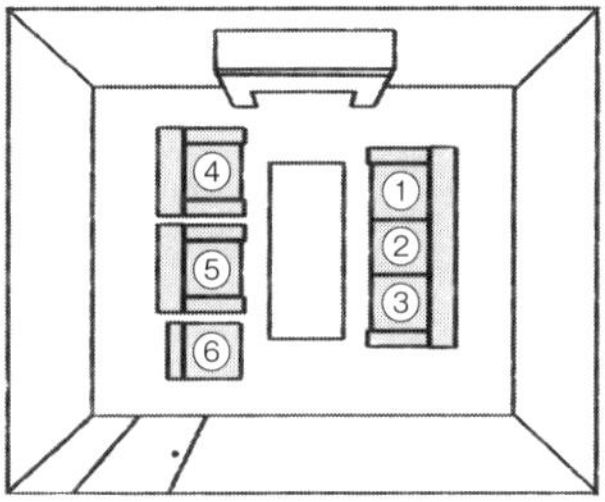

洋間

洋間では、マントルピースや飾り棚のあるところが上座になる。応接セットが置かれている場合は、ソファが第１位の席になる。

ころが現在は、その反対に飾ることが多くなっています。

また、結婚式や披露宴でも、向かって左側が男性で、向かって右側に女性となっています。つまり、明治以降は西洋式に変わったということです。

右側に男雛を置くか左側に置くかということは地域によってさまざまですが、それは明治時代に新しい制度を受け入れたか受け入れなかったかの違いです。

ちなみにお盆も、七月に行なう地域と八月に行なう地域がありますが、明治時代になってから七月にしようとしたのです。ところが、それを拒否した地域がたくさんあって、いまでも八月に行なうところが多いのです。その反面、政府との距離が近い関東などでは七月にお盆が行なわれることが多いわけです。

初対面でも誠意が伝わる挨拶のコツ

立った姿勢でのお辞儀は、正しい立ち姿から上体を真っ直ぐにして、腰から曲げていきます。屈体《くったい》するときに首が落ちたり、前に出たりしないように、正しい姿勢を維持します。

また、肘は張らずに身体につけている気持ちで、肘から指先が真っ直ぐであることが大切です。背筋も真っ直ぐにし、背が丸くならないように気をつけます。

お辞儀は呼吸のリズムに合わせる

立った姿勢でのお辞儀は、三種類あります。

身体を屈すると、手は自然と前に出てきますが、**一番浅いお辞儀は指先が三センチほど下がり、一番深いお辞儀では膝頭に指先が到達します。浅いお辞儀と深いお辞儀の中間が、ふつうのお辞儀です。**

お辞儀をするときには、吸う息で身体を倒していって、吐く息でとどまり、吸う息で戻っていきます。浅いお辞儀のときは少ししか動かず、深いお辞儀のときは多く動くわけですが、呼吸のリズムは同じなので、深いお辞儀、つまり目下の人のお辞儀のほうが、動きは速くなります。

丁寧な動きというのはゆっくりであるというイメージがあるため、意外かもしれませんが、小笠原流ではつねに呼吸に合わせて動き、そのリズムはほとんどの方が同じなので、外見上は深いお辞儀のほうが動きは速いのです。

ただ、「呼吸を合わせる＝息が合う」ですから、こうすれば相手が初対面の方でも最初の挨拶のところで息が合うわけです。

そして、お辞儀の本質は角度ではありません。よく、最敬礼は四五度などといわれますが、それは角度で表現したほうがわかりやすく、指導しやすいからそういうのでしょう。

さらには、軍隊のように集団で礼をする場合、みんな同じ角度で頭を下げたほう

立った状態での美しいお辞儀

正しい姿勢から上体をまっすぐに屈体する。浅い礼は、指先が前に出て３センチほど下がったあたり。ふつうの礼は、指先が腿の中央あたり、深い礼は指先が膝頭に届くまで屈体する。

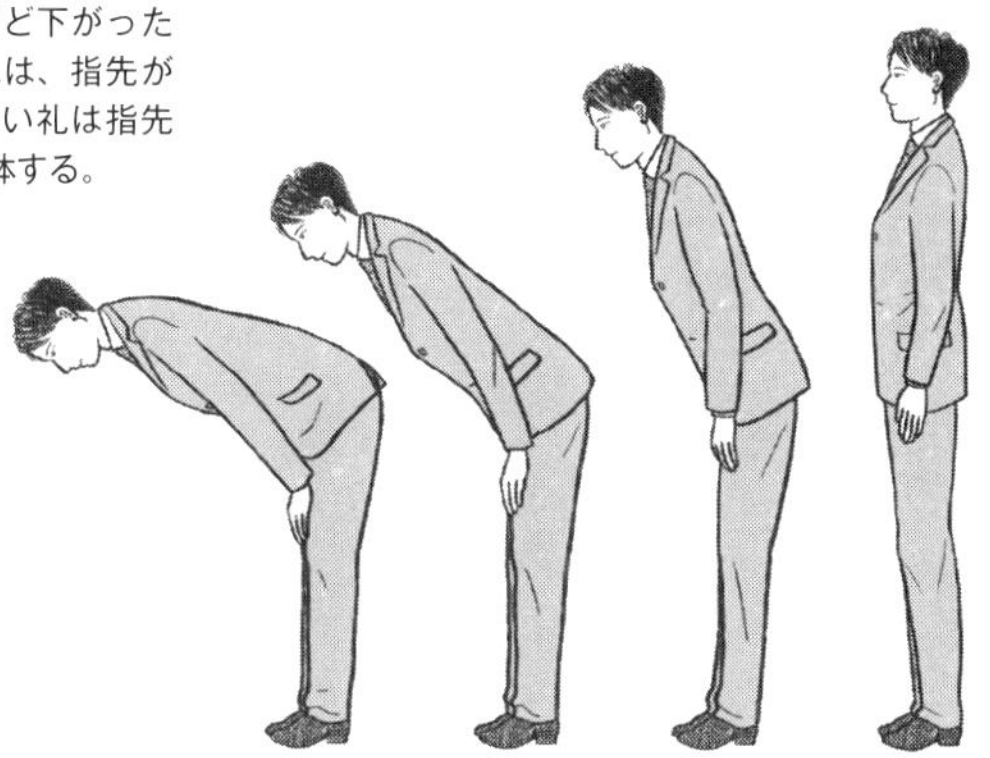

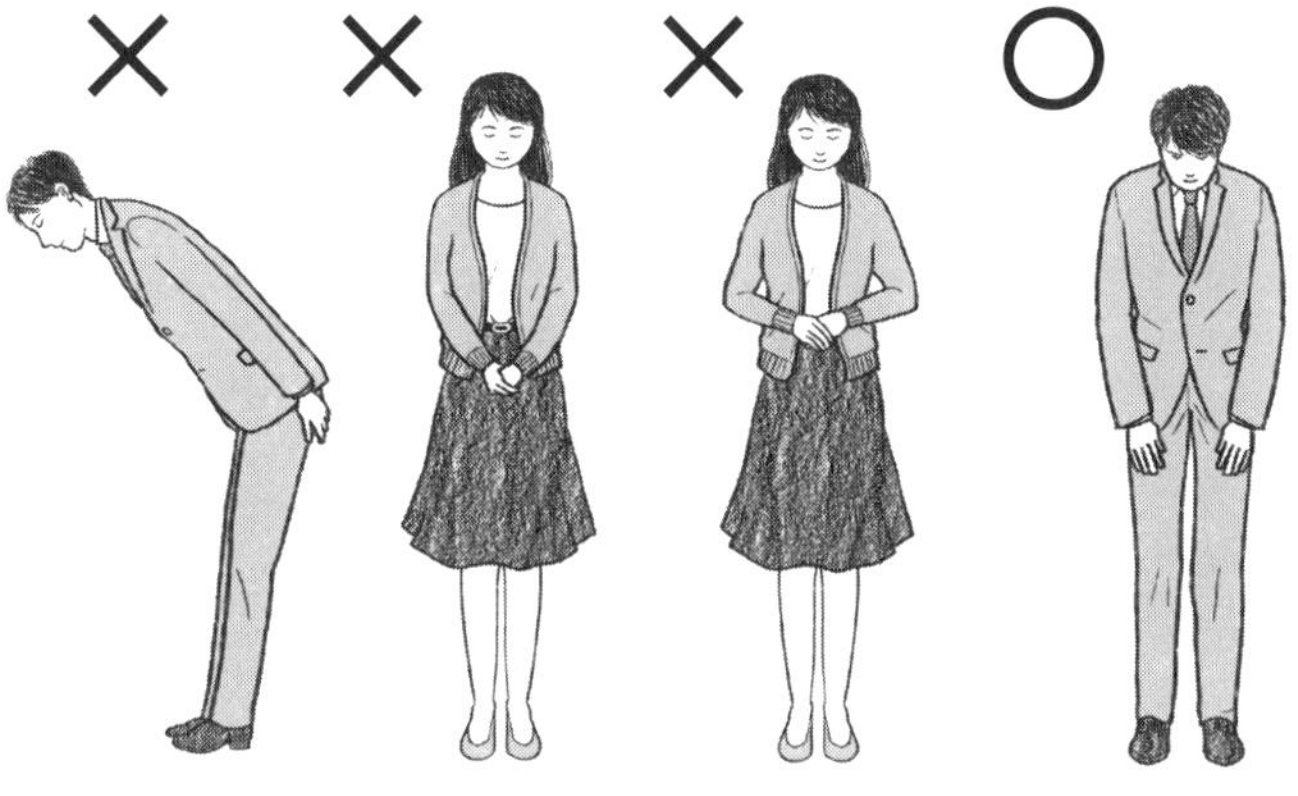

バランスをとろうとして尻に手を当てた礼は不自然。

両手が腿の内側に入った礼は、手に意識がいってしまう。

手を前に組んでから屈体する礼は不自然。

がきれいで、よく訓練されているように見えるというメリットもあるのかもしれません。ただ、形ありきの動きというのはあまりよいとはいえません。通常のお辞儀というものは、集団ではなく一対一でするものです。そこで角度にこだわる必要はないのです。

また、最近よく見かける、前に手を組んでするお辞儀、両手が腿の内側に入ったお辞儀、バランスをとるために尻に手を当てたお辞儀も不自然です。

さらに、ビジネスの現場などでは、相手より深くお辞儀をすることや長くお辞儀をすることが、丁寧で誠意があると考える向きがありますが、それでは呼吸を無視した動きになってしまいます。何かお願いごとをしたり、謝罪する場合は別ですが、ふつうの挨拶であれば、時間の長さより息を合わせることのほうが大切です。

一般的に、お辞儀は相手に対する敬意や感謝の気持ち、誠意といった「心」を伝える行為だと理解されています。では、心さえ込めればぶっきらぼうなお辞儀でも構わないのかといえば、やはり「形」がともなわなければいけないというのが小笠原流の基本的な考え方です。どれほど心を込めても、それが相手にきちんと伝わらなければ意味がないからです。

たとえば、背中を丸めてポケットに手を突っ込んだままお辞儀するのと、ぴんと背筋を伸ばして顔に微笑を浮かべながらお辞儀するのでは、相手に与える印象はまったく異なります。にもかかわらず、前者のほうがより強く「心」を込めていたとしたら、なぜその気持ちを形で表現しないのか、もったいないと感じるはずです。

一方、せっかく丁寧なお辞儀をしながら「心」が込められていない後者も、やはりもったいない。**「心」は「形」をともなって初めて相手に伝わる**ということをあらためて認識していただきたいと思います。

美しい正座ができれば足はしびれない

日本人の生活が欧米化し、和室が少なくなったことで、日常のなかで正座をしなければならない機会は激減しました。その結果、しびれたり、膝が痛くなって、うまく正座ができないという人も増えました。

しかし、その機会が皆無になったわけではありません。料亭などで会合があれば畳の上に座らなければならず、お寺で法事があれば、たとえ短い間でもやはり正座しなければいけません。そんなとき、無理なくラクに正座できたら、と考える方は少なくないと思います。

正座は身体に負担の少ない座り方

かつての正座は、武将の肖像画などに見られる「幡足座《はんそくざ》」でした。それが、江戸時代には現在のように両足をそろえるスタイルに変わっていきました。現在の正座

かつての正座・幡足座と美しい正座

正しく脊柱に添って肩を落とし、横から見たとき、肩の中央に上腕がくるようにする。手のひらを自然に腿の上に置く。

正座

女性は、膝頭をつけて座る。

男性は、握りこぶし１つほど膝頭を空ける。

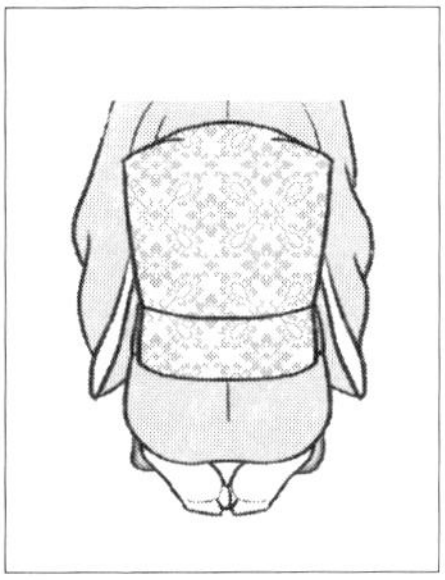

足の親指だけを重ねて、足は自然に寝かせる。

幡足座

片方の足を反対の足の腿に入れて座る。武将の肖像画などに見られる。

が「畳の上で無理がない、能率的に働ける座り方」だからです。ですから本来は、胡坐《あぐら》や横座りよりずっと身体に負担がなく、適度な緊張を保って仕事に集中できる、見た目にも美しく映る座り方なのです。また、正座をすると全身の血のめぐりがよくなり、脳に血液や酸素が活発に送られて集中力が高まるのです。

正座をする際には、脊柱《せきちゅう》に添って肩を落とし、横から見たときに肩の中央に上腕がくるようにして、手のひらを自然に腿の上に置きます。うなじを真っ直ぐにし、**「耳が肩に垂れるように」「顎が浮かないように」「襟がすかないように」**がポイントです。足の親指だけを重ね、足は自然に寝かせます。足全体を重ねると腰が傾き、上体も曲がってしまいます。

膝頭は、男性の場合は握りこぶし一つほど空けて、女性の場合は閉じます。踵は開いて、その上に尻を乗せますが、踵と尻の間に紙を一枚分だけ空けるようなイメージで、わずかに重心を前傾し、腿を短く見せるつもりで座ります。すると、腿が少し浮くような感じで足がしびれにくくなり、腿の筋力も鍛えられます。

「腿を短く見せる」というのは、「腰を入れる」ということです。やや前傾するような感覚で、そのとき「腰眼《ようがん》」を意識すると前傾しても背中が曲がらず、背筋が伸びます。腰眼とは、袴の腰板が当たる場所で、少しへこんでいる部分です。

水の中に沈むような気持ちで座る

立った姿勢から正座の姿勢に移るときは、水の中に沈むような気持ちで、あまり上体を振らないようにして、静かに真っ直ぐに下して座ります。身体に反動をつけた動作は、粗相の原因となるからです。

女性は下座の足を半足前に出し、男性は上座の足を半足引いて座ると、バランスよく座れます。下座の足を前に出すこと、上座の足を引くことは「上座を受けて行動する」ということです。なお、女性が足を前に出すのは、着物の裾の乱れを防ぐためです。

膝の角度がだんだん狭まってくると、身体が後ろに落ちてしまうような重みを感じます。このとき、腿の筋肉、尻の筋肉、腹筋で上体を支え、ゆっくりした呼吸で座ります。そして、跪座の姿勢をとり、そこから足を片方ずつ寝かせて親指を重ね、その上に静かに腰を据えます。

立った姿勢から美しく座る

下座の足を半足分前に出し、上体をまっすぐ下ろす。上座の足の膝が床についたら、その膝を腰で押すように進めて、両膝をそろえ、跪座になる。次いで、足を片方ずつ寝かせて親指を重ね、その上に静かに腰を据える。

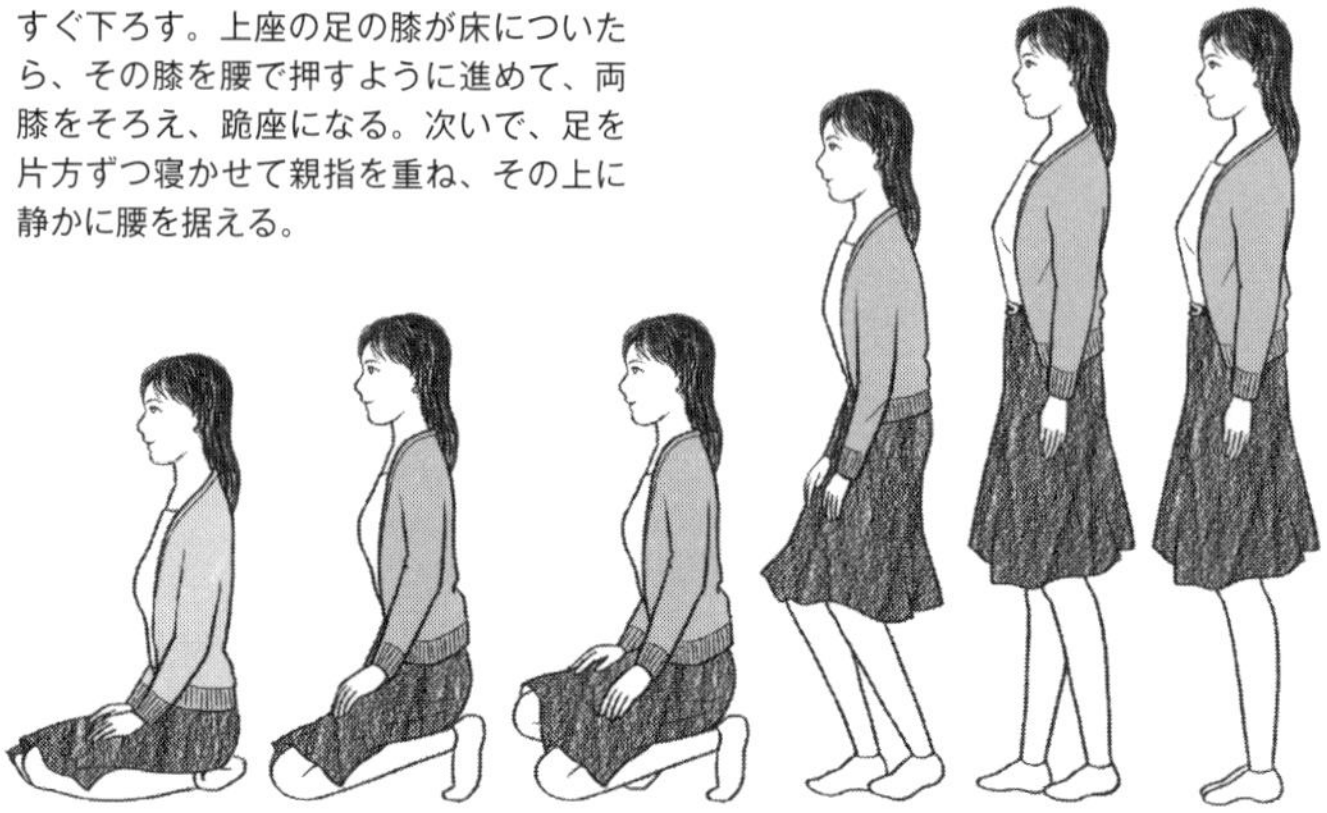

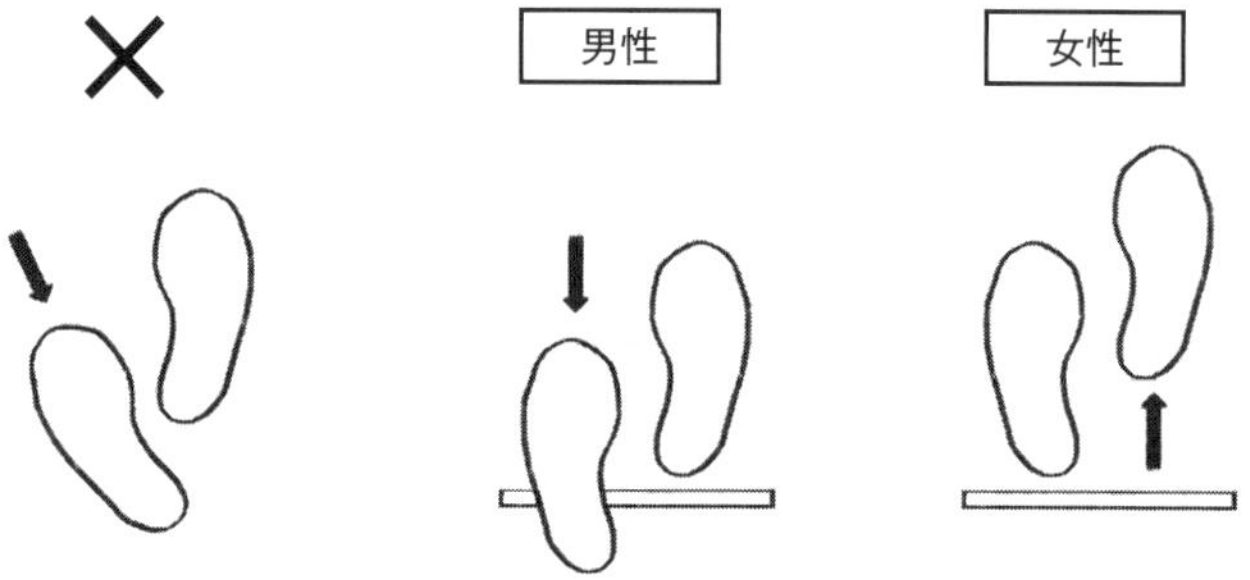

足を引くとき、支持足に添って引いてしまうと、着物の場合、裾前が開いてしまう。

男性は上座の足を半足分引いて座る。

女性は下座の足を半足分前に出して座る。

和室では「九品礼」を使いわける

立礼に三種類の深さがあるように、座礼にもいくつかの種類があります。
小笠原流では「九品礼《くほんれい》」といって、座礼を九種類にわけて、場合に応じてふさわしい礼をします。

「**首礼《しゅれい》**」は、首だけを下げる礼、「**目礼《もくれい》**」は目だけで行なう礼です。この二つは、目上の人が目下の人に対する礼のなかでも特殊なもので、最高位の方のみが身につけるものです。そのため、一般の方が身につけるべきものではありません。

相手への敬意や親しさによって使いわける

敬意の軽重の順に、身につけておきたい礼を挙げていきましょう。

「**指建礼**《しけんれい》」は、会釈であり、両手を腿の両側に下ろし、肘を軽く伸ばして指先だけを畳につけ、上体を少し屈体します。指建礼の手は腿の両側に下ろした位置が最も自然です。

「**爪甲礼**《そこうれい》」は、指建礼より深く、爪が畳に接する位置まで屈体します。

さらに身体を屈すると、手首が折れ、手のひらが畳につきます。これが「**折手礼**《せっしゅれい》」です。両方の手のひらを畳につけますが、このとき、女性は指先を後ろに向け、男性は指先を前に向けます。これは、男女の骨格の違いからくるものです。女性の指先を後ろに向ける姿勢に、あまりなじみがないように思われるかもしれませんが、女性は正座して本を読んだりする場合やカルタ取りをするときに、この姿勢をしていることが多いようです。

女性はここで手を返し、さらに屈体していくと、肘が折れ、手が膝の横前に出てきて、自然に手首から指先にかけて「ハ」の字型になります。これが「**拓手礼**《たくしゅれい》」という同輩に対する礼で、茶道などで多く使われます。

拓手礼からさらに屈体していくと、両手は前に移行していき、両手の間隔が狭くなります。これが「**双手礼**《そうしゅれい》」で、同輩に対する深い礼で、目上の人に対しても用います。

「合手礼《ごうしゅれい》」は、一般的に最も丁寧なお辞儀です。両手の指先同士がつくまで、胸が腿につくまで身体を屈します。肘から手のひらまでが床につき、両手の人差し指と親指でできた三角形の真上に鼻がくる形です。

なお「合掌礼《がっしょうれい》」は、神仏に対する礼です。両手を前に伸ばし、静かに両手を合わせます。

座礼も呼吸に合わせて行なう

このように、全部で九種類の座礼がありますが、現代では、会釈として指建礼、ふつうの礼として折手礼、拓手礼、深い礼として双手礼、合手礼の五種類を教えています。

立礼と同様に三息で礼をします。吸う息で屈体し、吐く息だけとどまり、再び吸う息で静かに起き上がります。浅いお辞儀であれ深いお辞儀であれ、息の長さは同じなので、深いお辞儀のほうがすっと速く動き、逆に浅いお辞儀は非常にゆっくり

場面に応じて使いわける座礼

拓手礼：手が膝の横前に出て、自然に手首から指先にかけてが「ハ」の字になる。

折手礼：手のひらが畳につく。骨格が違うため、女性は指先を後ろに向ける。

爪甲礼：指建礼より深く、爪が畳に接する位置まで屈体する。

指建礼：両手を腿の両側に下ろし、指先だけを畳につけ、上体を少し屈体する。

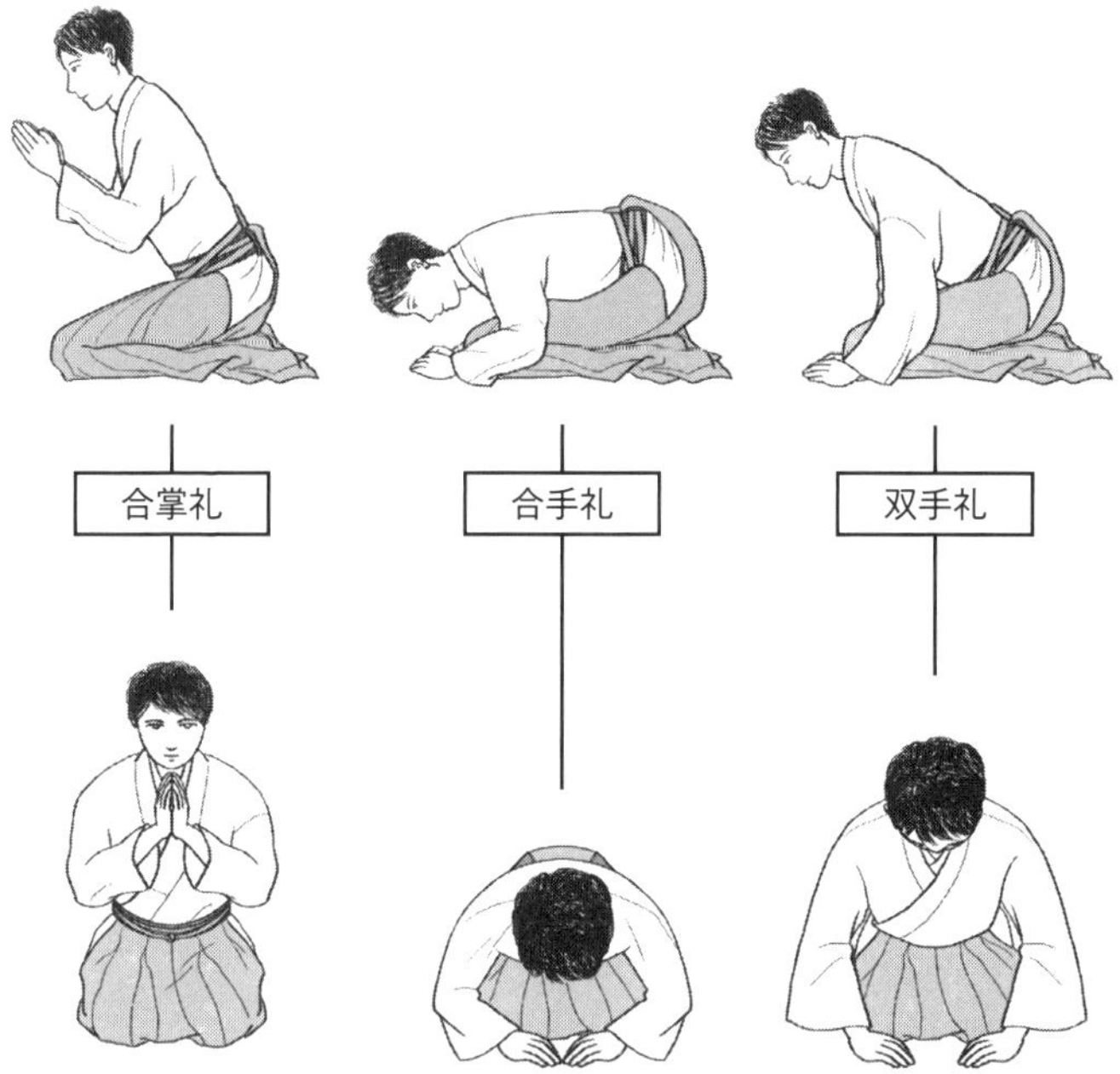

神仏に対する礼。両手を前に伸ばし、静かに両手を合わせる。

両手の指先同士が接する。このとき胸が腿につくまで体を屈する。

拓手礼からさらに屈体し、両手の間隔が狭くなる。

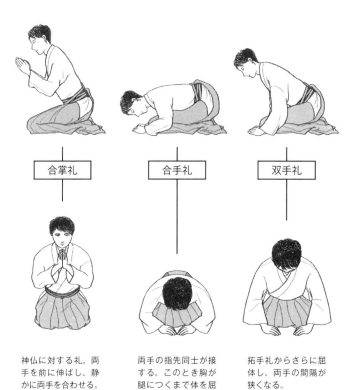

となります。おそらく、多くの方が思い描いているイメージとは逆になります。

身体を倒していくと手が窮屈になるため、手を横に落とす形になります。それは、肩が身体の横についているからです。手を前にもっていこうとする方が多いのですが、これは無理のある動きです。

そして、さらに倒していくと、こんどは肩が前に出ていきますから、当然、手も前に出てくるということになります。

よく見かける例として、頭だけを下げるお辞儀はよくありません。**お辞儀とは屈体の礼であり、頭だけ下げるお辞儀は、心の響きを打ち消します。**

また、背中を丸くした猫背のお辞儀も響きがなくなります。背中が床と平行になるように背筋を真っ直ぐに伸ばし、肘が張ったり顎が浮いたりしないよう注意します。

お辞儀というのは、相手を威嚇《いかく》するためのものではないので、自分を大きく見せてはいけません。イメージとしては、頭から突っ込むというのではなく、こじんまりと足の付け根、腰の部分を折り畳んでいく感覚です。そういう感覚をもてば、背中が丸まったり首が下がったりすることは減ってきます。

なお、座礼はいわゆる平伏《へいふく》とは異なります。平伏とは、まさにひれ伏すことで、合手礼でできた親指と人差し指の三角形の位置が鼻の位置よりも先になるということです。

美しさを損なう「ねじり」と「ひねり」

身体をねじったり、ひねったりしないということは、ひと言でいえば、右にあるものは右手で取り、左にあるものは左手で取る、という極めてシンプルなことです。あるいは、障子や襖を左から右に開けるときは、自分の中心までは左手で引き、そこで右手に替えて右側に押し進めていくという動作にも、同様のことがいえます。

小笠原流では、食事の場での「袖越し」のような身体をひねる動きを戒めています。そういった合理的でない動きをすると、汁物をこぼしたり、衣服を汚したりといった粗相をすることにつながるからです。

私の祖父にあたる三十代宗家小笠原清信は、かつて明治大学で教育心理学を教えていました。当時、ほかの研究室と共同してさまざまな実験に取り組んだそうですが、その一つに小笠原流の身ごなしが本当に合理的なのか、最新の科学によって証明しようという試みがあったそうです。

そのとき、被験者に筋電図をつけて筋肉の動きを調べたのですが、身体の中心を境にして、左右で使う筋肉が変わることが実証されました。使う筋肉が変わると、当然、そこで粗相が起きやすいということなので、そこで手を入れ替える。そうすれば粗相が起きなくなるということが、科学的に裏づけられたということです。

筋電図などなかった昔から経験上わかっていたことが、清信の時代、最新の科学によって合理的であると証明されたわけです。

スマートさと信頼感

たとえば、オフィスで同僚に書類を渡したりする場合、相手から遠いほうの手で渡すより、近い手で渡すほうが自然です。身体の向きも、そっぽを向いて渡すのではなく、きちんと相手と向かい合って渡したほうが丁寧です。

また、ドアを開けて部屋に入るとき、片手しか使わないとしたら、どこかで身体をひねらなくてはいけません。あるいは、後ろを振り返らずにドアノブから手を離したり、後ろ手でドアを閉めることになるでしょう。

右側にドアノブがついていたら、右手で押し（引き）、途中で左手に持ち替え、入室したら内側のドアノブを右手で持ってドアに向き直り、左手で閉めるというのが、無理のない美しい動作です。

こうした動作は一見、迂遠《うえん》で面倒なもののようですが、身体に無理のない動きといえます。ドアが急に閉まって人にぶつかる危険もなく、大きな音を立てる心配もありません。つまり、粗相が起きないのです。

このように、無理のない理にかなった動きは、相手に対する安心感や信頼感につながります。

どんな場合にもいえることですが、身体の構造や骨格に逆らった不自然な動作や身体の中心がぶれた動きは、どこか浮ついた印象を周囲に与えてしまい、決して美しいふるまいとはいえません。たとえ迂遠に感じても合理的な身ごなしを心がければ、周囲に落ち着いた印象を与えることができます。そして、そうした印象はその人に対する安心感につながり、洗練されたスマートなふるまいと映るのではないでしょうか。

理にかなった動きは美しく見える

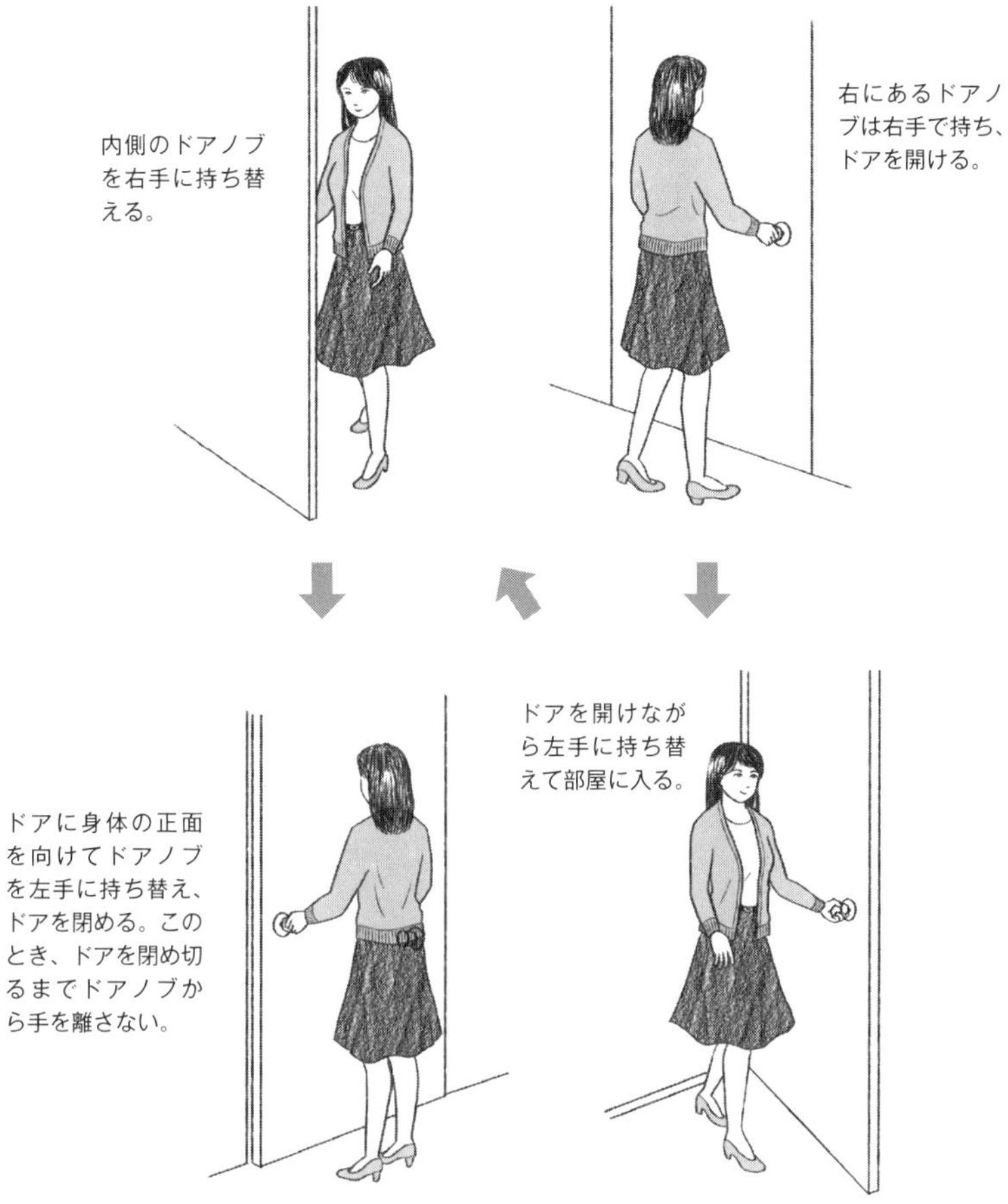

年齢を重ね、社会的な地位も上がるほど、自分のふるまいが周囲にどう映るかを意識していただきたいと思います。

無理な姿勢になってしまうときには

とくに来客があった場合には、自分のふるまいに気をつけたいところです。お客様にお茶を出すときには、下座側から出すのが原則です。ただし、イスの配置やお客様の座る位置しだいでは、必ずしも原則にしたがう必要はありません。

たとえば、お客様が四人いて、二人ずつ向かい合う形で座っているとします。このとき、上座のお客様にお茶を出すには、二人並んでいる間からお茶を差し出さなければいけません。身体をよじるようにして無理な姿勢でお茶を出すわけで、当然、粗相の原因にもなりかねません。

このような場合には、「中上《なかがみ》」という考え方に切り替えるとよいでしょう。二人並んだお客様はいずれも自分より上位者ですから、その間を上座と考えるのです。すると、二人の両サイドが下座になります。

知っていれば役に立つ「中上」という考え方

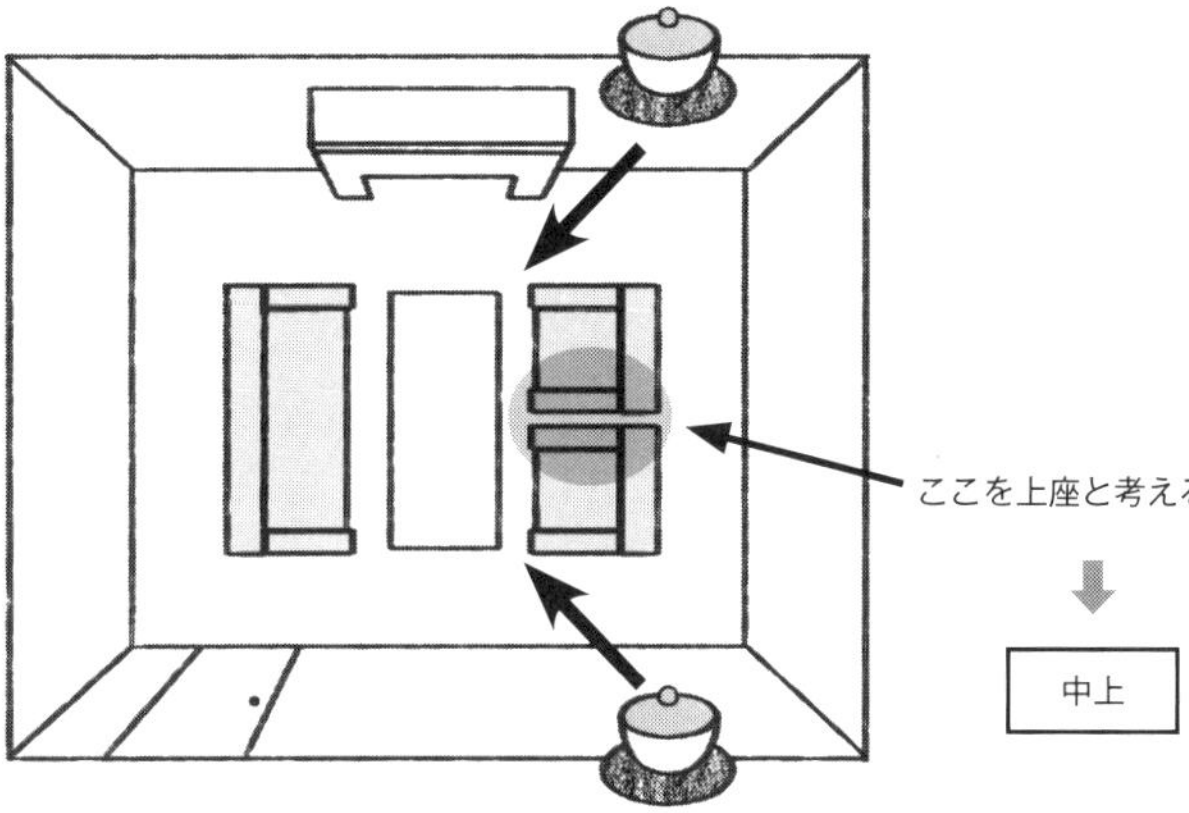

このような部屋で来客にお茶を出す場合、原則にしたがうとお客様とお客様の間から出すことになる。こういう場合は、「中上」に考え方を切り換える。

そう考えると、あえて二人の間に割り込むようなことをしなくても、それぞれの外側からお茶を出すことができます。

お客様に対して失礼のないようにと、上座と下座にこだわるあまり、お茶をこぼしてしまうような失態を演じては、せっかくの配慮が水の泡です。状況に応じて、あくまで臨機応変に対応してください。

訪問先での好印象は「足もと」への配慮から

訪問時にはまず相手のことを考え、自分の位置を見定めるということが大切です。上座・下座をはじめとして、その場の状況を判断するということですが、そうしたことはふだんから習慣づけておかないと、配慮が必要な場面で戸惑うことにもなりかねません。

素足での訪問は避ける

訪問先では、まずお客様を部屋に案内して、迎える側の人は後から部屋に入るのが通例です。案内されたとき、部屋の状況を見て、自分がどこに座るべきかを瞬時に判断しなければいけません。ただし、案内してくれた人が「こちらにお座りください」と場所を指定してくれる場合もあるので、そのときは素直にしたがえばよいでしょう。

座る場所が決まったら、こんどは相手が現われるまでの間に、失礼のないよう準備をしておきます。

たとえば、相手が座る場所を予測して、その動線の邪魔にならないところにカバンを置きます。初対面であれば、あらかじめ名刺入れから名刺を出しておき、すぐに手渡すことができるようにしておきます。手みやげを持っている場合は、紙袋から取り出しておくと、慌てずに手渡すことができます。

そして、見逃されやすいのが「足もと」への配慮です。

ファッションの流行に左右されやすいからなのか、近ごろよく見かけるのですが、夏の暑い時期の軽装はよいとしても、**靴下をはかず素足で訪問するのは、よくありません。女性のストッキングも同様です。**足裏の脂が訪問先の床や畳に直接ふれることになるからです。

もっとも、来客用にスリッパが用意されていれば、その心配はありませんが、和室に案内されることも考えると、やはり素足やストッキングでの訪問は避けたほうがよいでしょう。

たとえ足裏が乾いていたとしても、きちんと手入れしたわが家に他人が素足で上がり込んでくるのは、あまり気持ちのよいものではないはずです。どんなに暑い時期でも、せめて靴下くらいははいて訪問したいものです。

女性のなかには、ストッキングの上から靴下を重ねてはくことに抵抗を感じる方もいると思いますが、そういう場合は持参して、訪問先で靴を脱ぐときに靴下をはけばよいでしょう。くるぶしが出るくらい浅いタイプの靴下なら、ストッキングの上に重ねてはいても、あまり違和感はないと思います。


また、屋外用の靴下や足袋を室内用のものにはき替える配慮をする方もいます。いうまでもなく、チリやホコリを訪問先に持ち込まないためです。

小笠原流では、稽古が始まる前に必ず教場を掃除することになっているのですが、門人のなかには掃除のときと稽古のときで靴下をはき替える方もいます。

訪問先への武士のやさしい配慮

寒い季節の訪問マナーでは、コートや帽子をいつ脱ぐべきか、迷うところかもしれませんが、本来は**訪問先の門をくぐる前に脱ぐのが礼儀とされています**。昔、武士が雨の日に他家を訪問した際、そのタイミングで合羽や笠を取っていたからですが、その理由は二つあります。

一つは、危害を加えるつもりはないという意思表示です。合羽や笠の下に武器を隠し持っていないことを知らせるため、訪問先の敷地に足を踏み入れる前に脱いだわけです。

もう一つは、外のホコリやチリを訪問先に持ち込まないためでした。

なお、町人の場合は羽織を脱いでから訪問先の門をくぐるのが礼儀とされていたようです。町人にとっては羽織がコートと同じような位置づけだったからですが、同じように羽織を着ていた武士は脱ぐ必要がありませんでした。武士にとっての羽織は、いわばスーツの上着のようなものだったからです。かつての武士と町人では、

コートや帽子はいつ脱ぐべきか

羽織の意味合いが違っていたのです。

玄関で出迎えを受けた後、後ろ向きになって靴を脱ぐ方がいますが、その姿勢は相手にお尻を向けることになるため、失礼になります。靴を脱いだ後、向き直って靴をそろえるという動作を省略しようとしているのだと思いますが、基本的にはよいことではありません。

そして、部屋に入っていきなり座る方はいないと思いますが、まず下座側にて挨拶します。ここでも、どちらが上座でどちらが下座かを素早く判断しなければなりません。

茶道の世界では、和室に入るときに扇子を持って入り、その扇子を置いてお辞儀をするといわれますが、武士はそういうことをしませんでした。なぜ、部屋に入るときに扇子を持ち込まないかというと、扇子を持ち込むということは、部屋の温度管理ができていないといっているようなものだからです。そのため、扇子を持っている場合は、カバンに入れるなどしてから入室します。

また、小笠原流では訪問時にはなるべく装飾品はつけないことにしています。現代では、指輪やイヤリング、ネックレスなどですが、できれば帯留めも避けたほうがよいでしょう。お茶や食事が出てきた場合、高価な漆器類が用いられている可能性があるからです。

もし、そうした器を装飾品で傷つけてしまうようなことがあれば、取り返しがつきません。そうした配慮は、現代でも求められるものではないでしょうか。もちろん、装飾品にはそれを身につけることが礼儀にかなうという側面もあるため、いっさい身につけないわけにはいかないかもしれませんが、配慮すべき場面では装飾品をはずすくらいの心配りはできるようになりたいものです。

座布団にはそのまま座ってもよい？

和室では、そこに敷いてある座布団の位置を変えてはいけません。また、座布団をひっくり返すのもいけません。あるいは、少し下座にずらして座る方もいますが、そういうのもいっさいいけません。

なぜいけないかというと、そこに敷いた主人の意図を無視することになるからです。まして座布団には表裏と前後がありますから、それをひっくり返して座るとい

座布団の位置を変えてはいけない

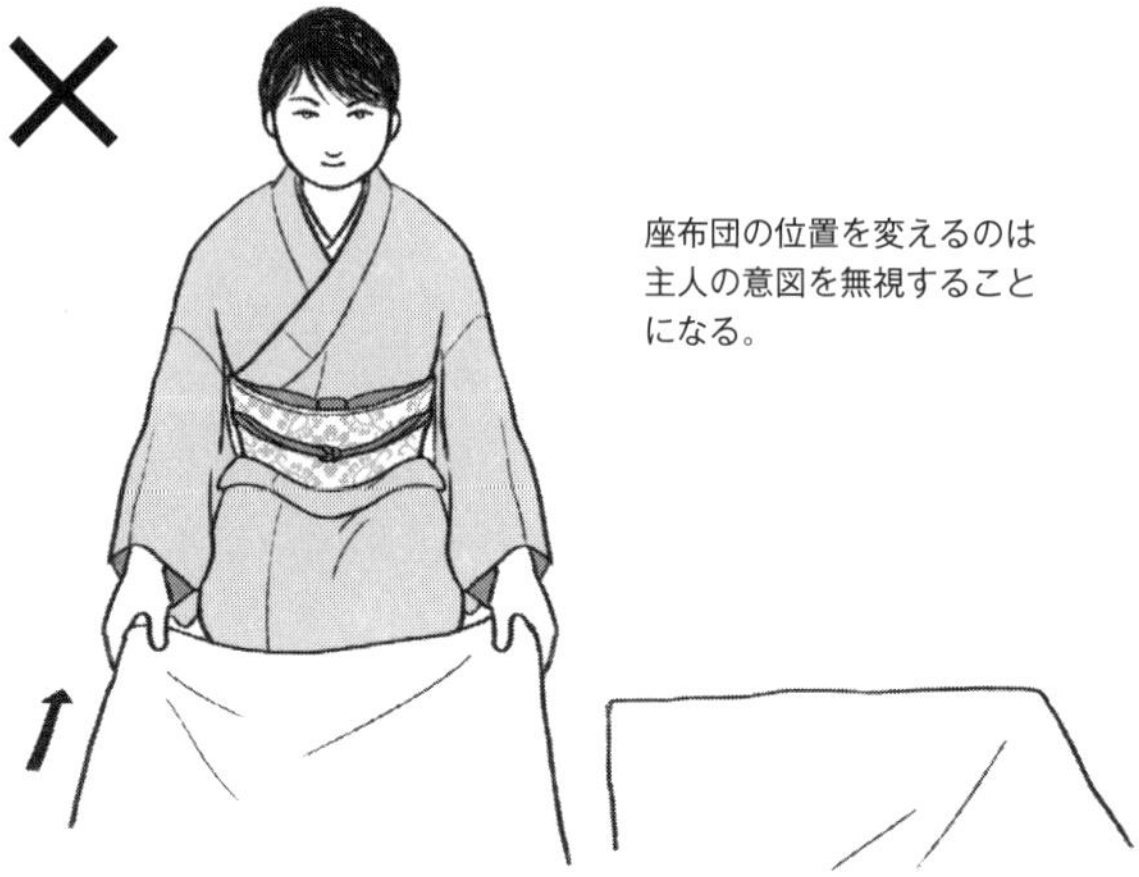

座布団の位置を変えるのは主人の意図を無視することになる。

座布団には表裏と前後があるため、ひっくり返すのも失礼にあたる。

うことは論外なのです。

遠慮して座布団をずらしたり、座布団からはずれて座る方もたまに見かけますが、主人の意図を汲《く》んで、そこに座るべきなのです。

料亭などでの宴席の場合は、席次をどうするかということが重要になります。いまはどちらかというと、本来の上座・下座にしたがうよりも、中心に主賓《しゅひん》が座ることが多いと思います。

その場合、二番目の人は左なのか右なのか、ということは知っておいたほうがいいでしょう。この場合は、本来の上座側に二番目、逆側の隣に三番目、二番目の隣に四番目という形になります。

上手なお酌はネズミと馬の尾に学ぶ

現代の私たちと同じように、武士たちも酒をたしなみました。日常生活ではもちろん、正月など季節の節目を迎えれば酒を飲み、元服や結婚といった人生の通過儀礼でも酒は不可欠でした。

酒を飲むときにも窮屈な作法に縛られていては、それこそ興ざめですが、そうかといって酒席にマナーもルールもなければ、逆に楽しい酒もまずくなってしまいます。先人の知恵にならって、酒席でも周囲にちょっとした配慮ができる大人になりたいものです。

お酒をこぼさないお酌のコツ

かつての上級武士は、お付きの者が酒を注いでくれるため、あまりお酌をするということはありませんでした。ただ、現代はビジネスマナーとして、お酌のしかたを覚えておいてもいいでしょう。

たとえば、下座側からお酌をするというのは、お茶を出すときなどと同様です。そのとき、注ぎ口のところにタオルや紙ナプキンを添えて注ぐと、いっそう丁寧です。そうすれば、しずくが垂れてきても吸い取ることができるうえ、多少こぼれたとしても、それで拭くことができます。

そして、ここで覚えておいていただきたいのが、「鼠尾《そび》・馬尾《ばび》・鼠尾」という言葉です。「ネズミの尻尾」は細く、「馬の尻尾」は太いという意味で、酒を注ぐときの量を表わしています。

つまり、**最初はネズミの尻尾のように細く垂らし、やがて馬の尻尾のようにしっかりと注ぎ、再び細く垂らすように注げば、こぼすことがない**という教えです。そういう意識で徳利を傾ける角度にも配慮すれば、上手なお酌ができるのではないでしょうか。

上司への返杯はタブー

また、最近はあまり見かけませんが、「返杯《へんぱい》」について知っておいていただきたいことがあります。それは、返杯は目上の方がすることであって、下位者が目上の方にすることは失礼にあたるということです。返杯とは、下位者が目上の方にお酌をしたとき、目上の人が「あなたも飲みなさい」といって自分の杯を渡し、その杯で酒を飲む行為だからです。

なお、これも最近はあまり聞かない言葉ですが、昔はそうして目上の方から返杯されることを「お流れを頂戴する」と表現していました。「お流れ」とは、上座から下座へ、つまり上から下へ酒が流れ落ちてくるという意味で、目上の方の厚意によって、上等な酒を味わわせてもらう、といったニュアンスがあります。

そうしたことを考えても、下位者が目上の方に返杯するのは失礼にあたることがわかると思います。

美しいお酌のしかた

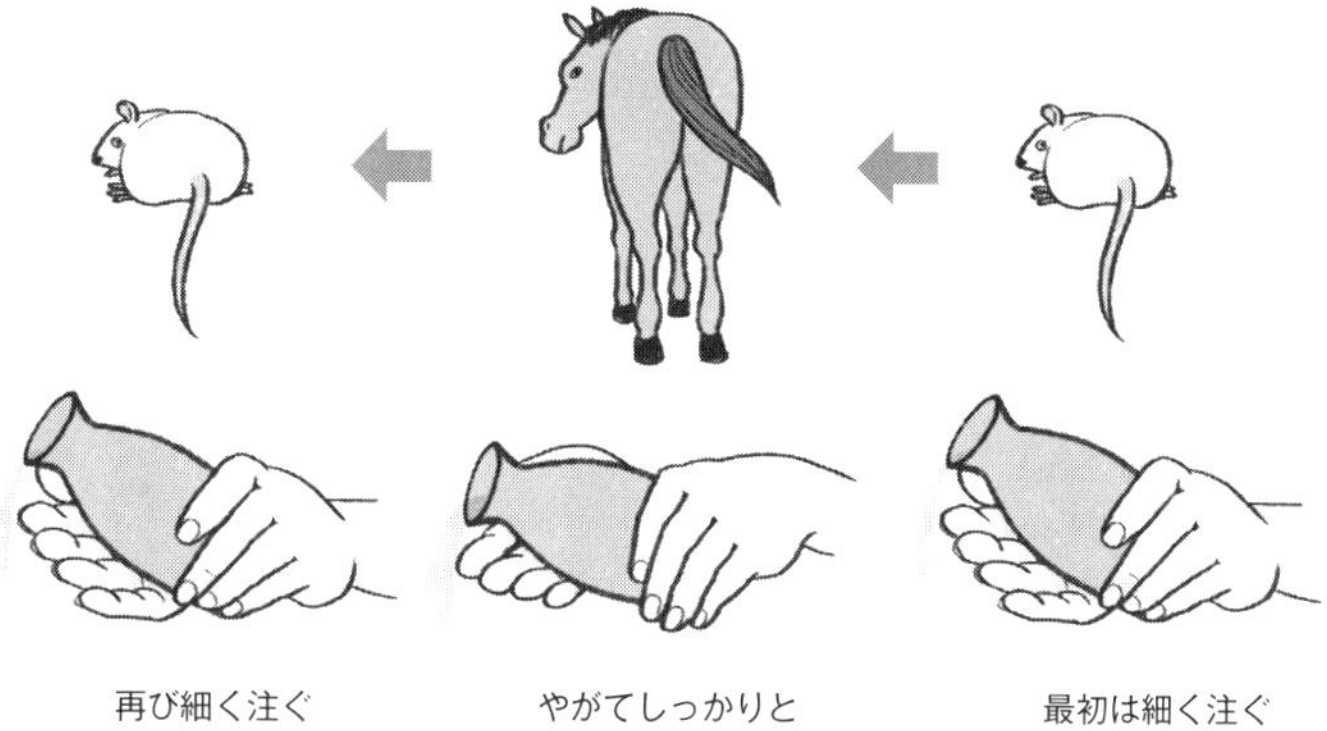
再び細く注ぐ
やがてしっかりと
最初は細く注ぐ

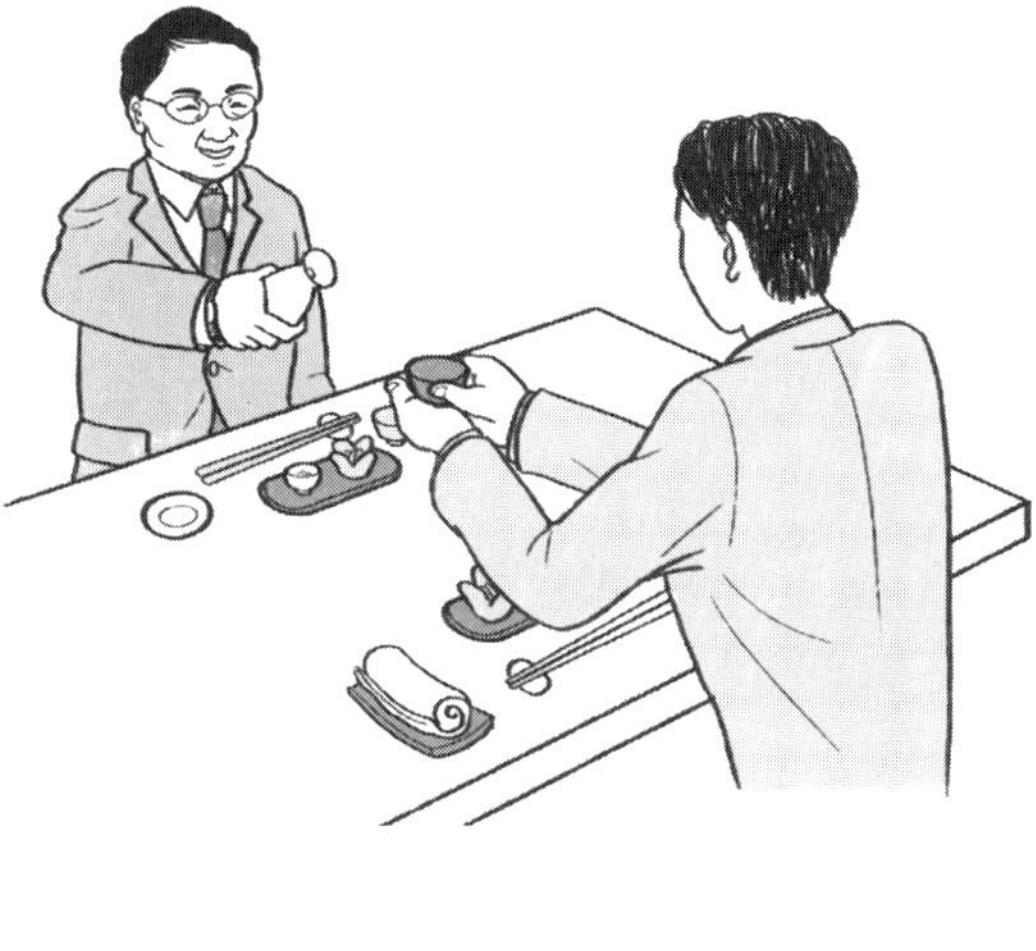

コラム 3

当然ながら、馬上における射手の感覚は実際に経験してみないとわかりにくいものですが、ご参考までに私の印象をお伝えすると、意識の大半は弓を射ることに向けられます。馬をコントロールすることに振り向けられる注意力はせいぜい１割か２割ですから、自転車に乗る感覚に近いのかもしれません。身体の重心を少し移動させることで進行方向をコントロールする点も、似ているような気がします。

十数秒という短い間に、背中の箙《えびら》という箱から矢を抜き、弓につがえて構え、射るという動作を３回、繰り返すわけですが、実は見た目ほどには慌ただしい感覚がありません。むしろ、射手の目に映る景色はスローモーションのようにゆっくりと後方に流れていくような錯覚さえあって、熟練した射手ほどゆっくりと落ち着いた動作に見えます。

実際に目の前で流鏑馬をご覧になって、ぜひその迫力を感じてください。

流鏑馬の難しさ

流鏑馬というのは、射手が疾走する馬に乗りながら矢を放ち、的を射る伝統儀式のことです。一直線にまっすぐ伸びる馬場の長さは、2丁（約250メートル）。進行方向に向かって左側に、ほぼ等間隔で3か所に設置された1尺8寸角（約54センチ。平騎射の場合は1尺5寸角＝約45センチ）の板的に矢を放ちます。

乗馬と弓術を同時に行なうわけですから、決して簡単ではありません。馬上では手綱から両手を離し、鞍から尻を浮かせて、矢を放つときには顔を左側に向けて進行方向から目線をはずさなければいけません。

しかも、乗る馬とはたいてい「一期一会」の関係です。つまり、流鏑馬のときに乗るだけで、走り方のクセや性格を知り尽くしたなじみ深い馬に乗るわけではないのです。

私の場合、初めての馬でも馬場を1、2回、走らせることができれば、その様子がだいたいわかりますが、慣れていない馬に乗って、手綱を離し、顔を真横に向けるには、それなりの勇気が必要です。慣れないうちは斜め前くらいまでしか顔を向けることができず、矢はなかなか的に当たりません。ちなみに、矢を放つタイミングのポイントは的の真横の少し後ろくらいです。

鞢（ゆがけ）

弓を引く際、右手を痛めないためにつける鹿革製の手袋。馬上では手綱を握るほか、太刀や長物（ながもの。槍など）も扱わなければならないため、小笠原流では五指の手袋を使う。

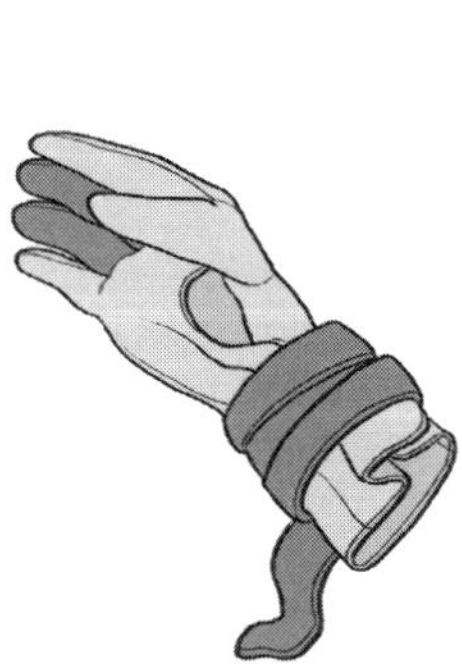

第4章

大人の余裕と教養を身につける

何ごとも「ほどほど」を尊ぶ深い理由

小笠原流は「型」ではなく「形」を重んじると述べましたが、その大きな特徴の一つとして挙げられるのは、マニュアルをもたないことです。だからこそ、型にはまった稽古ではなく、各人が「そうする理由」を考え、納得し、心をこめた稽古に励むことができるのです。

そして、そうした小笠原流における教えのなかには、日常生活や自己の姿勢を見直すにあたって、示唆《しさ》に富んだ言葉がいくつかあります。

洗練されると色も形もなくなる

小笠原流の稽古のときには、**「極めれば無色無形なり」**という言葉をよく使います。これは、上手な方ほど何の色もない。洗練されると、色も形もないということです。

つまり、「無色無形」というのは、誰にでも簡単にできるように見え、実際にやってみると意外なほどにできないというレベルです。それこそが、私たちが日々稽古を重ねて、目指している高みです。

言葉で表現するのはなかなか難しいのですが、たとえば、特別なことをしているわけではないのに、いわゆるオーラを発しているように感じられる方がいます。何をしているのかよくわからないが、ただ者ではない——。

そういう姿が、この「無色無形」という概念に近いのではないかと思います。ムダのない洗練された動きが、見る者にそういう思いを抱かせるのです。

以前、ある映画の撮影現場に呼ばれて、スタッフや出演者たちの前で小笠原流の基本的な身ごなしを披露したことがありました。

刀を抜いて立ち回る派手なシーンだけでなく、立ったり座ったりという日常的な動きにも武士らしいリアリティを表現しようとして、協力を依頼されたというわけです。膝を使って進み出る「膝行《しっこう》」や正座が定着する前の武士の座り方である「幡足座」などを実演しました。

すると、なぜそんなに簡単な動作をわざわざ教わらなければいけないのかと、出演者のなかから抗議の声が上がりました。そうした声に押されて、仕方なく途中で引き揚げることになったのですが、ほどなく関係者から連絡があって、あらためて協力を要請されました。簡単に思えた動作を出演者が実際にやってみると、意外に難しくてできなかったのだそうです。

小笠原流では、「進退中度《しんたいちゅうど》」という言葉もよく使われます。教場の掛け軸にも書かれている言葉ですが、進むも退くもほどほどに、という意味です。

ほどほどというと誤解されやすいのですが、これは真ん中あたりがよいという意味ではありません。

「中」という文字には、当たるという意味があります。流鏑馬などでも、すべての的に当たることを「皆中《かいちゅう》」といいます。そして「度」というのは、度合いのことです。

つまり「進退中度」とは、**いい度合いで当たることが大事であり、出すぎてもいけないし、遠慮しすぎてもいけない**ということ。それが「ほどほど」の意味で、そ

座ったままでの進退（膝行・膝退）

①上座の膝を引く
②下座の膝と上座の手を引く
③上座の膝と下座の手を引く
④下座の膝と上座の手を引く
⑤上座の膝と下座の手を引く
⑥上座の手を引く

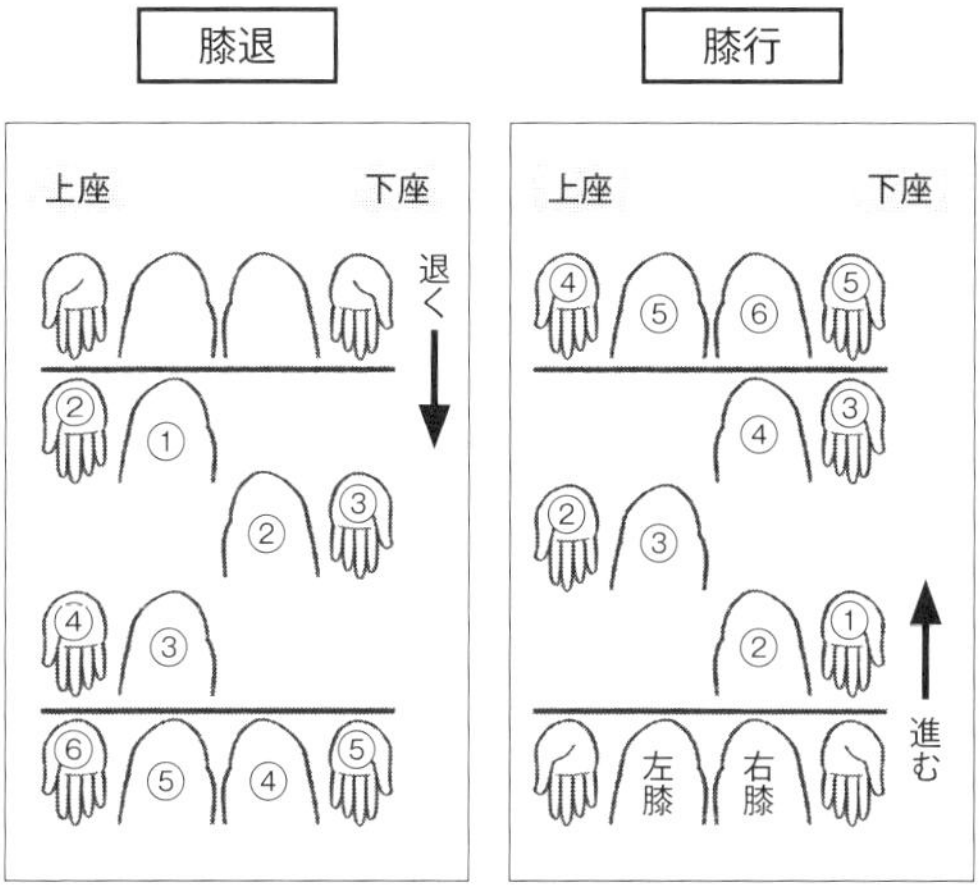

①下座の手を手のひら分だけ前へ
②下座の膝と上座の手を前へ
③上座の膝と下座の手を前へ
④下座の膝と上座の手を前へ
⑤上座の膝と下座の手を前へ
⑥下座の膝を前へ

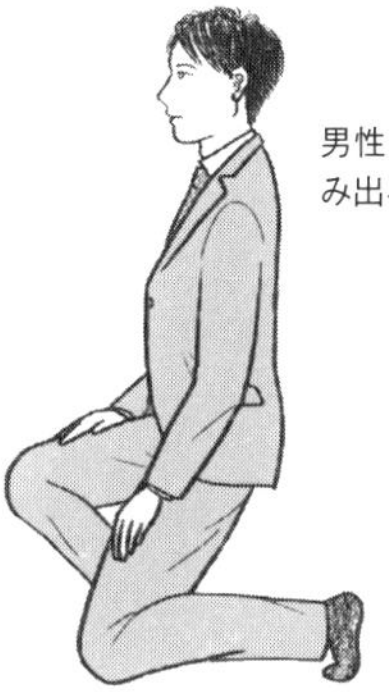

男性には、大きく進み出る膝行もある。

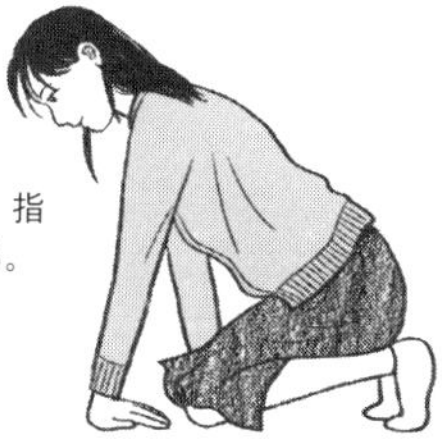

女性の折手礼は、指先を後ろに向ける。

膝行は跪座の姿勢で、下座の足から交互に進め、膝退は上座の足から交互に退く。このとき、尻が踵から浮かないこと、踵は開かないこと。手をつく場合は、折手礼（126ページ参照）の要領で行なう。

ういったことをつねにわきまえてふるまいなさい、という教えです。

よく「適当」とか「いい加減」という言葉が、不誠実とか不正確といったネガティブな意味で使われますが、本来は「適切」のように、もっと肯定的な意味合いだったはずです。この「ほどほど」という言葉にも同様のことがいえるでしょう。

「無色無形」にしても「進退中度」にしても、言葉にするのは簡単でも、実際にそのレベルに到達するのは容易ではありません。ほどほどのちょうどよい度合いを見つけ、適切な動きをするということが、結果として色がなく形がないということにつながります。ほどほどではなく、出すぎたり、あるいは遠慮しすぎてしまうと、そこに色が表われてしまうということです。

これを理解するには、ただ稽古を重ねるだけでは足りません。稽古という表現をすると、身体の動きやテクニックを反復練習するというイメージがあると思いますが、その動きを通して、「なぜこうしなくてはいけないのか」という考え方を身につけていくことのほうが重要です。

その考え方を身につけることによって、「こういう場合には、これくらいのことをしたほうがいい」「こういうシチュエーションのときには、このようにふるまったほうがよい」という感覚を身につけていくということです。

これはまさに、社会生活にも応用できる考え方であり、大人のふるまいにつながるものではないかと思います。

武士のふるまいは現代にも通じる

小笠原流では「臨機応変な動きをしなさい」ともよくいわれます。

この「臨機応変」という言葉も誤解されやすく、「自分勝手」と混同されることが少なくありません。臨機応変とは、文字通り、その場の状況に応じて対応を変えることといえますが、基本を踏まえて行動することに変わりはありません。

つまり、臨機応変に動くためには、「無色無形」や「進退中度」ということを心得ていないと難しいということです。そして、「なぜこうしなくてはいけないのか」と考えたうえでの論理的な判断が即座にできなければなりません。

小笠原流礼法では、ムダを省いたうえで、美しさのある動きが求められます。ただし、実用的でなければ、そこに意味はありません。

現代社会においても、この本質は共通しています。武士のふるまいは、現代の大人のふるまいに通じるのです。

動作の最初と最後はあえてゆっくりと

一定以上の年齢や立場にある方は、ほどよい落ち着いた雰囲気と所作を身につけることで、周囲の人に対する印象をよくしたり、信頼を得たりすることができるでしょう。ただし、中身を整えずして外見だけ変えても、それは付け焼刃にすぎませんから何の意味もありません。ここでも、やはり「型」ではなく「形」が問われるのです。

なぜ落ち着きがなく見えるのか

落ち着いた動きをするうえでいちばん大事なことは、身体の中心がぶれないということです。

たとえば、話をしている最中に姿勢を変えず、身体がぶれないほうが、余裕があるように見えます。

もちろん、動かなすぎると固まっているように見えるので程度問題ですが、すぐにフラフラしてしまうとか、ちょっとした動作でユラユラするというのは、あまり好ましくありません。また、ぶれないことを意識するがゆえに変に力が入ってしまうと、それは相手に伝わってしまいますから、そういう状況も避けなければなりません。やはり、日ごろから自然体で身体の中心を使うことを心がけるようにしておくのがいいでしょう。

最近、残念に思うのは、年相応の落ち着きをもった中高年が、おそらく以前より減っていると感じられることです。たくさんの人から見られる機会の多い政治家でさえ、性急な歩き方の人が多く、話し方に余裕や威厳が見られない人が多くなってきています。

政治家に限らず、身の回りを見ても、どこか落ち着きなく、ちょこまかと動いている感じのする人が増えているようです。世の中の動きの速さに合わせるように、身体の動きが速く、呼吸に動作が合っていない感じがします。そんな時代だからこそ、こうしたことを意識して、相手に信頼される雰囲気を身につけていただきたいと思います。

一定のスピードで動くためのコツ

落ち着いた所作というものは、粗相をしない安心できる動きといえます。

身体の中心を使って動けば問題はないのですが、手先だけで何かをしようとすると、どうしても最初に勢いをつけてしまいがちです。そのため、多くの動作の最初と最後は、動きが速くなってしまうのです。

本来は、最初から最後まで一定のスピードで動くのがよいのですが、どうしても最初と最後が速くなってしまうので、**最初の部分をあえてゆっくりと動く意識をもてば、だいたい一定のスピードになります。**

そうすれば粗相する確率が低くなり、見た目も落ち着いた動きになります。

たとえば、電車が発車するとき、ガタンと揺れることが多いでしょう。走行中はスムーズで、停車するときにはまたガタンと揺れますが、人の動きも同じようなもので、最初と最後に意識をもったほうが全体としてはよいのです。

人の動作では、たとえばお茶を飲むときに粗相するのは、お茶を取ろうとする瞬間と、お茶を置く瞬間です。その途中でこぼすことは、ほとんどありません。ドアを開け閉めする場合も同じで、最初と最後さえ気をつければ、大きな音を立ててしまうようなことは少なくなります。

こうした点に気をつけるだけでも、ずいぶん印象が変わって、大人の落ち着きが身につくはずです。

熨斗をつけてはいけない贈り物とは

昔は、本家で神をまつる行事を行なうとき、分家の人たちは神に捧げる供物《くもつ》を持ち寄って集まりました。その供物を神に捧げた後、神のお下がりとしていただいたのです。この持参した供物の料理が、次第に贈り物として酒や肴を持参する風習となりました。

■生ものや植木は玄関で渡す

他家を訪問する際、生ものや植木、草花を持参する場合は、玄関で渡します。それ以外のものはお部屋に通していただいてから渡します。草花などを玄関で渡す理由は、土や水気で家の中を汚さないように、という配慮です。

それから、贈り物に熨斗《のし》をつけることがありますが、この熨斗は酒肴のことを表わしています。昔は贈り物をする際には、酒と肴を添えていました。たとえば菓子だけを贈るのではなく、菓子と酒、菓子と肴というように、セットで渡していたのです。

時代が下るにつれて、この酒肴を添える習慣が省略されるようになり、代わりに神饌に供される、不老長寿の薬といわれた薄くのした鮑《あわび》やするめ、昆布を添えるようになります。それがさらに省略され、今日のような小熨斗《このし》となったのです。

そのため、**酒や肴（卵、鳥、魚など）を贈るときには熨斗をつけてはいけません。**二重の意味になってしまうからです。

切手盆の代わりになるのはお菓子

金包みは、慶事と弔事によって異なることはご存じのことと思います。あるいは、祝儀袋、不祝儀袋は市販されているものを利用する方が大部分であるため、あまり意識しないという方も多いかもしれません。

正式な金包みのしかたは、次のようになります。

慶事のときには、紙を二枚重ねます。紙の表が外にくるようにして、着物と同様

大人なら知っておきたい金包みの作法

弔事の場合

「重なる」ことを嫌って、紙は１枚とする。右に端を決め、内側の部分を巻いて折る。巻き方は6巻き。

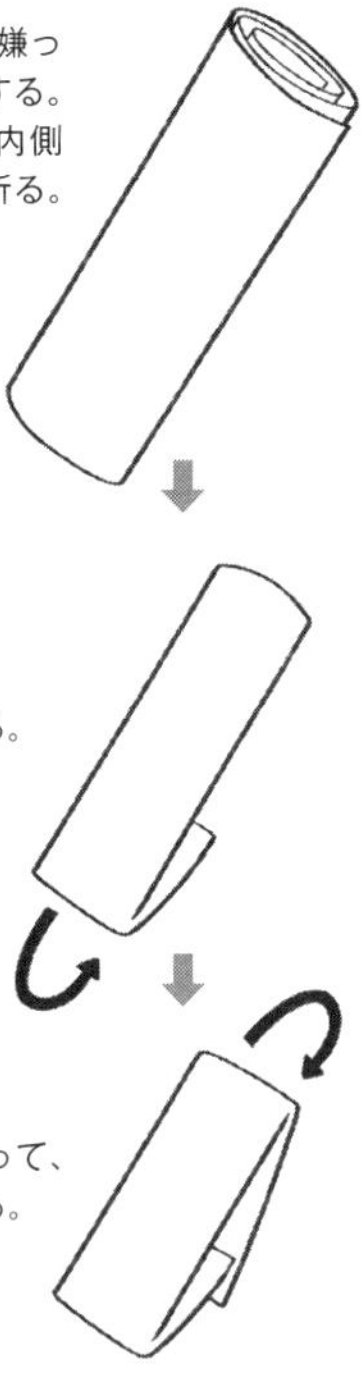

まず下の端を折る。

次に上の端を折って、下の折りに重ねる。

慶事の場合

２枚重ねにした紙の左に端を決め、内側の部分を巻いて折る。巻き方は5巻き半。

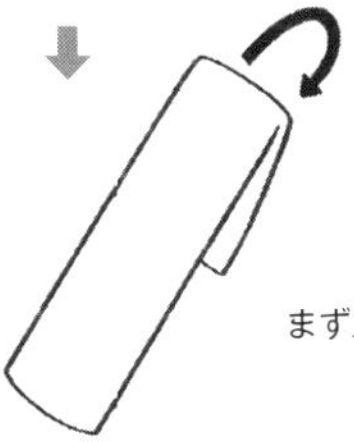

まず上の端を折る。

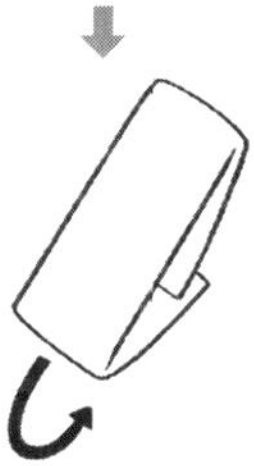

次に下の端を折って、上の折りに重ねる。

に右前に、左側をお札の幅よりやや広めに決め、中になる端から巻いて折り、上下の端を裏へ折ります。裏の合わせは、下の折りを上の折りの上に重ねます。

弔事のときには、一枚の紙で、着物と反対に左前にします。まず右側を決め、巻いて折り、上下を折ります。裏の合わせは、上の折りが下の折りの上になります。

なお、金包みを渡すときには、切手盆《きってぼん》というお盆の上に載せて渡しますが、切手盆がないときは、一般的に簡単なお菓子の上に載せて渡します。そのお菓子のことを、「台代わり」といいます。

武士はいつも自然体を心がけていた

昔の武士は、手を振らないで腰に当てて歩いていました。腰骨の出ているところに引っ掛けておくのです。そのため、この部分を「手掛けの骨」といいます。歩くときだけでなく、走るときもこの姿勢は同じです。

なぜ、そのような姿勢をとるかといえば、常に右手を空けておくのと同様、いつでも刀を抜けるようにするためです。つまり、現代人から見るとやや不自然に見える姿勢であっても、武士にとっては、次の行動に備えてムダのない動きをするための準備だったのです。

時代により、社会や身の回りの状況は変化するとはいえ、こうした、ある種の緊張感をもっておくことは、引き締まった姿勢や行動につながるのではないかと思います。

たたずまいからにじみ出る気構え

「直《す》ぐなる身」という表現があります。これは正しい姿勢という意味ですが、背骨の自然な湾曲に添わせた姿勢を指しています。

これに対して、「掛《か》かる身」とか「反《そ》る身」という姿勢があります。「反る身」というのは、身体が反ってしまう姿勢で、「掛かる身」というのは、反対に前がかりになってしまう姿勢を指します。これも、身体の姿勢であるとともに気持ちの姿勢でもあるといえるでしょう。

力が入り過ぎても、逆に弛緩《しかん》しても、よくありません。いわゆる自然体であることが、次の動作への移行をスムーズにし、武士の時代には身を守ることにつながったのでしょう。

次に、目遣い。目付《めつけ》ともいいますが、稽古を重ねた人は、視線の位置など、目の表情に落ち着きが出てきて、気持ちの余裕をもつことができるということです。

小笠原流の教歌に「目づかいはよろずにわたるものなれば、雪の目つけをふだん

ふだんの姿勢は自然体を心がける

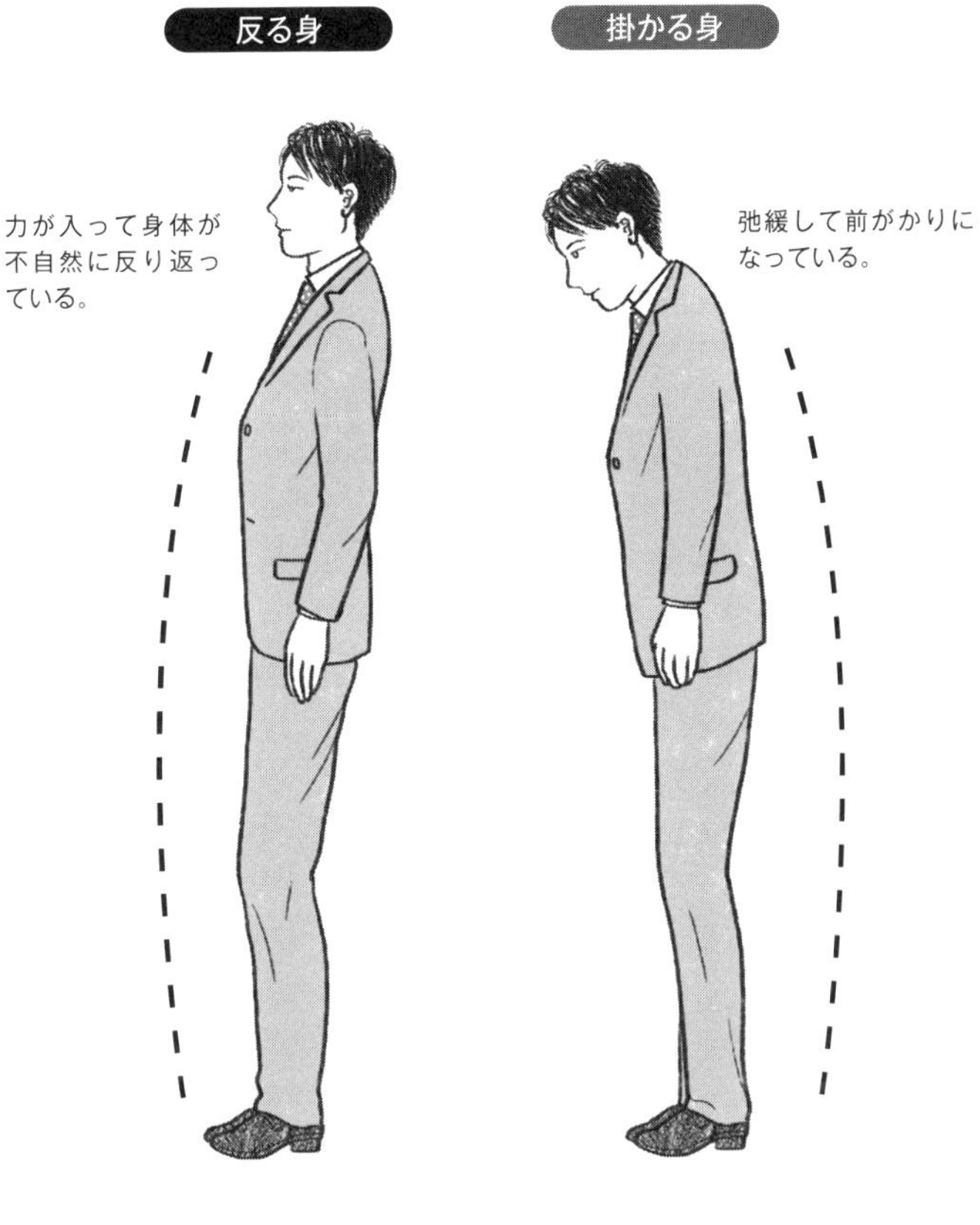
反る身
力が入って身体が
不自然に反り返っ
ている。
掛かる身
弛緩して前がかりに
なっている。

見習え」というものがあります。

これは、空から雪が落ちてくるとき、その一つの塊を上から下までずっと見続けるということです。そういうことをするなかで、目付というものがわかってくる。つまり、相手の心や動き全体が把握できる、正しい見方を身につけましょうということです。

実際には、たった一つの雪の塊を見続けることはできません。しかし、それができるということは、相手がよく見えている、観察できているということです。この目付という話から仏教的なものを連想しがちですが、そうではなく、これは人やものごとをよく見るための観察力が重要であるという話です。現代のビジネスパーソンにとっても、示唆に富む内容といえるでしょう。

それから「弓はただ射てみせたても無益なり　何ともなくて気高《けだか》きぞ良き」という歌もあります。単に弓を引く姿を見せるだけではほとんど意味はなく、弓を引く前からのたたずまいとして気高い状態にいることのほうにこそ、本当の意味があるという内容で、テクニックを見せるのではなくて、たたずまいでその心を示してあげなさいという教えです。

実際に、稽古を積んで、ある技量に達した方を見ていると、弓を引く前のたたずまいからその凄さを感じ取ることができます。技術もさることながら、そこからにじみ出てくる気構えのようなものが、人の心を打つのです。

そして「残心《ざんしん》」というのも重要な概念です。「残身」と書く場合もありますが、ほとんどの武道にこの概念があり、その解釈も一通りではありません。弓の世界では、矢を放った後の姿勢を残心といいますが、そこまでのすべての過程が矢を放った後の姿勢に映る鏡のようなものだと表現されます。

どうしても「当たった」「はずれた」とか、「よく引けた」「うまくいかなかった」という気持ちが出やすいところですが、そこで、すべての一連の動きに対する気持ちを出せることが品格、弓道でいえば射格を表わしているといえるのです。

もう一つ、**「ものに乗る心持ち、ものに奪われる心持ち」**という言葉があります。

簡単な例でいうと、ものを持つときにバランスをとろうと思って身体が反る状態が「ものに奪われる」ということです。その反対に「ものに乗る」というのは、ものの存在にかかわらず、身体の状態は何も変わらないということです。何かをしようとすると、つい何かに心が奪われがちになります。けれども、そんなときでも、自分の本質を忘れてはいけないということです。

弓を引くときに、「的を自分に入れていきなさい。的に自分を合わせてはいけない」と教えられますが、そういった感覚に近いといえるでしょう。どんなことがあっても、自分を見失うことなく、周りの状況に惑わされるな、ということといえます。

いくつかの言葉を引いて、武士のふるまいや心のもちようについて紹介してきましたが、仕事や生活のさまざまな局面で応用していただければと思います。

矢を放った後の残心

矢が的に当たったかどうかという結果だけに心を奪われてはいけない。

下位者に合わせるのが上位者の余裕

小笠原流は中世以降、実質的に社会の中核を担った武士階級の礼法ですから、リーダーとしての心得という側面をもっています。

その指針となるものが「糾方《きゅうほう》」というものです。九つの「法」の総称であり、これが小笠原流の基本となっています。

リーダーに問われる人としての魅力

その糾方の内容を、ここで簡単に説明しましょう。なお、いずれも「きゅうほう」と読みます。

一、穹法　　のり（法）をたっとぶ

二、糺法　　法をただす

三、躬法　　自然の理法として身につける

四、窮法　法をきわめ、法をまもる
五、供法　法がそなわる、法にそむかない
六、救法　衆生を救う
七、翕法　満ち足りて栄える
八、鞏法　誠の心を本とする
九、九法　あらゆる礼法の奥義をきわめる

これを言い換えれば、誠実に自然の理にしたがって品節をたがわないように努め、そのうえで、時、所、位にしたがって実践すれば、当然、それが礼法の心となり、行動ともなってくるということです。

上の人間が偉いから偉そうにふるまうのではなく、たとえば、お辞儀一つとっても、目上の者が目下の者に合わせてあげないといけないところがあります。

実際にやってみるとわかりますが、お互いの動きが違うのに、呼吸を合わせることは難しいものです。上の方が下の方に合わせてあげないと、なかなかうまくいきません。下の方は人生経験が少ないのですから、自分の呼吸に合わせて動くということは上手ではありません。だから、上の人が合わせてあげるのです。自分が上だから下が合わせろというのではなく、上の人が合わせてあげる。そういう気持ちをもったほうがいいでしょう。

そして、上に立つ者は、下の者の規範になるようなふるまいが必要だということです。だからこそ、武家では礼法というものを非常に大切にしたわけです。

現代のビジネスシーンに置き換えると、上に立つ者は、仕事だけで見本になるのではなくて、人としても見本であるべきだということです。欧米のマネジメントは、どちらかというと仕事の場だけでいかに部下を扱うかということだと思いますが、日本人である私自身が感じることは、この人についていきたいと思わせるリーダーは、単に仕事ができるだけでなく、人としての魅力があるということです。

糾方は弓馬術礼法のことですが、現代のリーダーにとっても普遍的な内容を備えているものといえるでしょう。

教養として知っておきたい伝統行事の常識

現代に伝わる伝統行事は、必ずしも当初の姿のままに受け継がれてきたわけではありません。長い時間を経るうちに簡略化されたり、時代の変化に応じて形を変えながら伝えられたものも少なくないと思います。

そうした行事のなかでも小笠原流がとくに大切にしてきたものに、人生の通過儀礼や節句の祝いがあります。

子供の成長を祝う通過儀礼

日本には、古来から伝わるさまざまな通過儀礼があります。いまでも一般的に行なわれているものもあれば、あまりなじみのないものもあるでしょう。順を追って紹介しましょう。

・**懐胎《かいたい》の祝**……妊娠五か月目に腹帯を結ぶ儀式で、妊婦は保温と胎児の生育を安定させるために木綿の腹巻を巻きます。

・**誕生の祝**……昔は産屋《うぶや》に産棚《うぶだな》を設け、瓶子《へいし》（お神酒《みき》などを入れる細長い壺）を供え、腹帯を浅黄色に染めて産着としました。洗濯を繰り返して柔らかくなった腹帯で、新生児の肌をいたわったのです。

・**お七夜の祝**……誕生から七日目で新生児は産屋を出て、他の人たちと対面します。この日に名前をつけることが多く、それを檀紙《だんし》や奉書紙に記して飾ります。

・**お宮参り**……男児は生後三〇日目、女児は三一日目に行ないます。この日、赤白の鳥の子餅（略して赤飯）に肴を添えて贈ります。祝の膳の後、氏神様にお参りし、男児に破魔弓《はまゆみ》、女児に羽子板を献じます。

・**喰初《くいぞめ》の祝**……今日では生後一一〇日に行なわれるもので、小さくした膳を用い、親が子に食べさせる真似をします。

・**髪置《かみおき》の祝**……胎髪《うぶげ》をとり、この日から髪を伸ばし始めるという儀式で、男女とも三歳の一一月一五日に行なわれます。

・**袴着《はかまぎ》の祝**……古くは男児七歳、現在は五歳の年に行なう祝で、袴の腰を当て紐で結んだ儀式で、着初《きぞ》めともいいます。現在は紐つきの着物から紋服などに着替え、角帯を締めて袴をはかせます。

・**帯直しの祝**……女児七歳の一一月一五日に行ないます。小児用の紐つき着物から本式に着替え、初めて帯を締めることから、帯解きあるいは紐落としともいいます。

・**元服式**……元服の年齢は一定していませんでしたが、皇太子は一一歳から一七歳までに行なわれ、親王もこれに準じていました。加冠を行なうことによって一人前の大人として認められる儀式です。公家社会では冠でしたが、武家では烏帽子《えぼし》を用いました。

なぜ「お色直し」をするのか

室町時代に整えられた武家の婚礼式には、「陰陽合盃《いんようごうはい》の式」として、陰の式と陽の式があります。

陰の式は神に捧げる式で、飾りは清楚にし、衣服はもちろん、器に至るまで白あるいは銀を使います。これに対して、陽の式は人としての式であり、色直しの式であることから衣服は紅色を用い、器などもすべて色物（赤、金）を用います。

現代の結婚披露宴でも「お色直し」が行なわれますが、その本当の意味はこの陰陽合盃の式にあるのです。

陰の式では、酌人、配膳役ともに、動作をする場合はすべて左にまわります。これに対して、陽の式ではすべて右まわりとなります。これらは、『古事記』の天の御柱の伝承によるものです。

なお、いずれの式でも三度ずつ九度、盃を差すことから、「三三九度の盃」と称されます。これも、現代の結婚式で行なわれている三三九度の起源なのです。

健康は正しい姿勢から

私もサラリーマンですから、通勤電車のなかでつり革に全身を預けてぐったりしている人や座席で無防備に身体を投げ出して眠っている人をよく見かけます。近ごろ最も目につくのはスマホをいじっている姿ですが、そうした場合、たいていは背中が丸まっていて、たとえ仕事で疲れていたとしても、いずれもあまり美しい姿とはいえません。

そうした姿勢は美しくないだけでなく、実は疲れやすい姿勢でもあることをぜひ覚えていただきたいと思います。

よい姿勢は本来疲れない

疲れているときほど、だらりと全身から力が抜けた姿勢をラクに感じてしまうものです。しかし、本当にそれがラクな姿勢なのでしょうか。

身体の構造や機能を考えると、骨格や体格に逆らわない姿勢こそ、本当の意味で正しい姿勢です。この「正しい」というのは、「本来、そうあるべき」という意味ですから、私たちにとって最もラクな姿勢であるはずなのです。

ところが、骨格や体格に逆らわない姿勢を維持するには、ある程度の筋力が必要です。そうした筋力が衰えると、正しいとはいえない姿勢のほうがラクであるかのように感じてしまいます。つまり、悪い姿勢こそラクな姿勢であると誤解してしまうわけです。

そうした誤解を続けていると、ますます必要な筋力が衰えて、やがて身体にゆがみが生じたり、身体の一部に余計な負荷を強いるような悪いクセがついてしまいます。

そうなると悪循環に陥って、猫背やストレートネック、O脚などのゆがみが慢性化し、知らず知らずのうちに疲労が蓄積してしまいます。さらに、それが頭痛や肩こり、腰痛などの原因になったり、筋肉バランスを崩して肥満を増長させたりもします。

つまり、**姿勢のよし悪しは、単に見た目だけの問題にとどまらず、健康そのものに影響をおよぼす**のです。

自分の状態をチェックする

こうした状況を改善するには、まず、自分の姿勢、自分の状態をチェックすることです。

- 身体を正しく使えているか
- 正しく使っていないために、どこかに負担をかけていないか
- 余計な負担をかけているために、健康状態を損ねていないか
- 身体を正しく使えていないために、心を疲弊させていないか

そうした点についてチェックしたうえで、さらに自分自身の姿をより具体的に観察し、身体のゆがみやクセを見定めます。

いつも身体の片側に重心をかけていたり、どこかをかばって別のどこかに負担を

強いていたりすると、見た目にも不自然な状態になるため、たいていすぐにわかります。そうしたことを意識して、たとえば電車のドアやエレベーターのガラスに映る自分の姿を見て、そのたびに姿勢を正すように習慣づけるだけでも、身体は変わってきます。すると、慢性的に抱えていた疲労感や体調不良が、徐々に解消していくはずです。

背筋を伸ばすことが基本

自分の姿勢を考えるうえで、背筋をしっかり伸ばしているかどうかということは、やはり重要なポイントです。いわゆる「気をつけ」の姿勢をしているときだけ背筋を伸ばすのではなく、どんな作業をしているときでも背筋を伸ばしている状態をキープすることが大切です。

とくに最近は、首が前に出てしまう人が非常に多いようです。ドラマなどで、年配の方やちょっと疲れた方の役をする場合、首を前に出して、背中を丸めるという演技をします。つまり、ふだんからそういう姿勢の人は、若くても老人のように見えるということです。

年齢を重ねるにつれてそういう背中になる傾向がありますが、やはりそこは、姿勢を正す習慣によってカバーできるのではないかと思います。いつまでも美しい姿勢を保つことは、歳をとってからの健康を維持することにつながるのです。

コラム 4

もう一つ、「忠臣蔵」にも「おや？」と思わせられる有名なシーンがあります。いわゆる「松の廊下」の場面です。

江戸時代を通じて将軍の居城であった江戸城は、いわば武家社会において最高の格式を誇る「宮殿」でした。

当然ながら、そこに出入りを許された身分の高い武士たちには、ほんの些細な所作にいたるまで厳格なマナーが求められます。そのマナーが、すなわち小笠原流の礼法だったわけですが、殿中（江戸城内）では歩き方にも決まりがあって、かすかに衣ずれが聞こえるほか、しんと静まりかえっていたはずなのです。

したがって、もし脇差を抜いた浅野内匠頭が殿中の作法を逸脱した歩き方で近づいてきたら、その異様な足音は吉良上野介本人はもちろん、周囲の武士や茶坊主たちを一瞬で警戒させたに違いありません。浅野は吉良に近づくことさえできなかったかもしれず、映画やテレビのような劇的な場面は、ちょっと想像しにくいのです。

もちろん、そこで刃傷事件が起こったのは史実ですが、実際はかなり様子が違ったのではないでしょうか。

「遠山の金さん」の動きは不自然だ

一時期に比べれば映画やテレビの世界から時代劇がずいぶん減ったそうですが、それでも定番化した時代劇は世代を超えて支持されているようです。私も人気の高い時代劇はひととおり見てきましたが、なかにはちょっと首を傾げたくなるようなシーンも散見されます。

たとえば「遠山の金さん」を見ていると、主人公の江戸町奉行・遠山金四郎が毎回、お白洲で裃《かみしも》をはね上げ、片肌脱ぎになって桜吹雪のイレズミを見せつけてドラマはクライマックスを迎えますが、そのシーンを見るたび、私には金さんのふるまいがどうにも腑に落ちませんでした。というのも、江戸時代の武士が右側だけ片肌脱ぎになることはあり得ないからです。

武士が弓の稽古をするとき、袖が邪魔にならないように片肌脱ぎになることはあったようですが、その場合、脱ぐのは必ず左側でした。弓を構えるのは左側ですから、袖が邪魔になるとすれば左側です。また、剣の稽古をするときなど、両袖が邪魔になるなら、右も左も諸肌脱ぎになったはずで、よほど特殊な事情がないかぎり、武士が右側だけ片肌脱ぎになることはなかったはずです。右の襟に左の襟を重ねる着物の構造を考えても、やはり不自然な印象が残ります。

綾藺笠（あやいがさ）

武士が狩猟や流鏑馬などの際に着用した笠。藺草（いぐさ）を綾織りに編み、裏に布を張ってつくる。巾子方（こじがた）と呼ばれる中央の突出部には、髻（もとどり）を入れる。

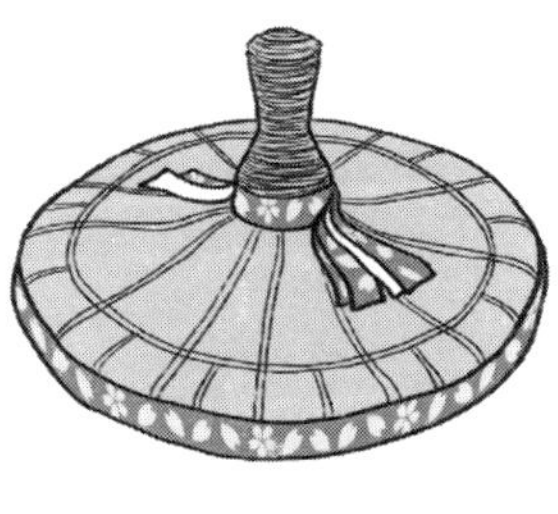

小笠原清基（おがさわら　きよもと）
弓馬術礼法小笠原流次期宗家。NPO法人小笠原流・小笠原教場理事長。一般社団法人日本文化継承者協会代表理事。1980年、東京都生まれ。3歳から弓馬の稽古を始め、鎌倉・鶴岡八幡宮にて執行される流鏑馬神事の射手を小学校5年生より務める。大阪大学基礎工学部を卒業後、筑波大学大学院人間総合科学研究科修了。専攻は感性認知脳科学。神経科学博士。製薬会社に研究員として勤務するかたわら、全国の門人とともに各地で神事を執行している。

小笠原流《おがさわらりゅう》　美《うつく》しい大人《おとな》のふるまい
相手《あいて》に一目置《いちもくお》かれる「武家《ぶけ》の作法《さほう》」

2015年 12月 20日　初版発行

著　者　小笠原清基
発行者　吉田啓二

発行所　株式会社日本実業出版社　東京都文京区本郷3－2－12　〒113-0033
大阪市北区西天満6－8－1　〒530-0047
編集部　☎03-3814-5651
営業部　☎03-3814-5161
振　替　00170-1-25349
http://www.njg.co.jp/

印刷／理想社　　製本／若林製本

この本の内容についてのお問合せは、書面かFAX（03－3818－2723）にてお願い致します。
落丁・乱丁本は、送料小社負担にて、お取り替え致します。

ISBN 978-4-534-05341-1　Printed in JAPAN